AF483156

ספר

שַׁעַר הַגְּמוּל

לְרַבֵּינוּ הַמְקוּבָּל

רַבִּי מֹשֶׁה בֶּן נַחְמָן

הָרַמְבַּ"ן

ידוע כי אין בר בלי תבן, כך אין ספר בלי טעויות, ועוד יודע אני כי
דל ועני אני, **ואין עני אלא בדעה.** לכן מבקש אני בכל לשון של
בקשה אם יש לכל אחד שאלות, הערות, הארות, תיקונים, נא לשלוח
ל - simchatchaim@yahoo.com והשתדל לענות, ולתקן את
הצריך תיקון.

אין לעשות שימוש כל שהוא בחומר שבחלק זה לצורך מסחרי, אלא
רק ללמוד וללמד.
להשיג ספר זה או ספרים אחרים לאינפורמציה
simchatchaim@yahoo.com

תוכן הספר

שער הגמול

שער הגמול הוא חלק מספר תורת האדם לרמב"ן, והוא השער האחרון בספר זה, ונדפס בפני עצמו ולא בכלל הספר.

השער האחרון של הספר נקרא שער הגמול, הוא קנה חשיבות בפני עצמו, ואף הודפס פעמים רבות כספר בפני עצמו.

בשער הגמול, עוסק הרמב"ן בענייני השכר והעונש, צדיק ורע לו רשע וטוב לו, גיהנם וגן עדן, עולם הבא ותחיית המתים, והוא מגדיר את ענינם על פי התלמוד ואמונת ישראל.

רמב"ן קבע בספרו:

כל אלו דברים ברורים, שהעולם הבא האמור בכל מקום, אינו עולם הנשמות והשכר המגיע להם מיד אחרי המיתה, אלא עולם שעתיד הקדוש ברוך הוא לחדשו לאחר ימות המשיח ותחיית המתים

ברוב כתבי היד שער הגמול מופיע כחלקו השני של הספר, אך שער הגמול נדפס כבר בשנת 1490 כשלושים שנה קודם תורת האדם. ישראלי העלה השערה ששער הגמול הוא יצירה בפני עצמה שחוברה לתורת האדם על ידי אחד מתלמידי הרמב"ן בשל הנושאים החופפים.

הרמב"ן

רבי משה בן נחמן (ידוע בראשי התיבות רמב"ן; ד'תתקנ"ד, 1194 בערך – ה'ל' 1270 בערך) היה מגדולי חכמי ספרד, פוסק, פרשן, משורר, הוגה, מקובל ורופא. בלשונות אירופה מקובל לכנות את רמב"ן ביוונית Nachmanides (נחמנידֶס).

הרמב"ן נולד בגירונה, קטלוניה, שבצפון מזרח ספרד המודרנית, בערך בין השנים 1195-1190.

בצעירותו למד מפי רבי יהודה בר יקר מתלמידי הריצב"א מדמפייר, וממנו קיבל הרמב"ן את תורתם של בעלי התוספות. את רבו זה מזכיר הרמב"ן פעמים רבות בחיבוריו, לרוב בתואר "מורי נ"ר" (נטריה רחמנא = ישמרהו ה'), ומביא פירושים שקיבל ממנו. רבו השני היה רבי נתן בן רבי מאיר, אשר בצעירותו למד אצל הראב"ד בעל ההשגות ובהמשך למד אצל הריצב"א, וגם אותו הוא מכנה בתואר **מורי**,ממנו קיבל את תורת פרובנס, עם תורת צרפת.

בצעירותו היה רמב"ן בקשר עם רבני צרפת דרך בן דודו רבי יונה גירונדי ואף שלח מדברי תורתו לרבי יחיאל מפריז ועוד.

הרמב"ן עסק במספר רב של תחומים – פרשנות מקרא, פרשנות התלמוד, פסיקת הלכה, קבלה ושירה. הרמב"ן מוכר כאחד מהוגי הדעות של היהדות.

תלמידיו הרשב"א ורבי יצחק דמן עכו העידו שלפרנסתו עסק ברפואה. עקבות לכך נמצאות בפירושו לתורה לגבי איסור נדה, לגבי איסור מאכלות אסורות לגבי נגע הצרעת ועוד, במקומות רבים מסתמך על דעות הרופאים, על ספרי רפואות ואף מביע דעה אישית בענייני רפואה. תחום נוסף שהרמב"ן שלט בו, והעריך אותו היה תחום המאגיה. הוא ראה בתחום זה, נושא קרוב לתחום הרפואה.

בסוף האלף החמישי, כשהיה רמב"ן קרוב לגיל ארבעים, התגלעה מחלוקת בין חכמי פרובנס לבין חכמי צפון צרפת על ספרי הרמב"ם – ספר המדע וספר מורה נבוכים. היה זה הגל השני בהתנגדות לספרי הרמב"ם, שהתפתח בעקבות התפשטותם של ספרי הרמב"ם והתגברות השפעתם על הציבור. בראש המתנגדים לספרי הרמב"ם עמדו רבי שלמה מן ההר ממונפלייה שבפרובנס, ותלמידיו רבי יונה גירונדי ורבי דוד בן אשר.

מתנגדי הרמב"ם בפרובנס הפיצו ברבים את דעתם, ועוררו את חמתם של מרבית חכמי פרובנס, שהיו תלמידיו המובהקים של הרמב"ם. וכך נידו את רבי שלמה מן ההר ותלמידיו, בתגובה, שלח רבי שלמה מן ההר את רבי יונה אל חכמי צרפת, שהיו רחוקים מפילוסופיה והם החרימו את הוגי ספר מורה נבוכים וספר המדע. כתוצאה מכך פרצה מחלוקת גדולה בקהילות צרפת וספרד.

הרמב"ן כתב שתי אגרות מפורסמות בניסיון לגשר בין הצדדים. אחת מהן מוענה ל-**נשיאי ארגון אצילי נאבארא ושרי קשטיליא**, וקוראת להם להתעלם מהחרם של חכמי צרפת עד שיבואו הצדדים בפני בית דין, ובשנייה הוא מנסה לשכנע את חכמי צרפת לבטל את החרם על כתבי הרמב"ם.

בראש האיגרת מכופף הרמב"ן את קומתו בפני חכמי צרפת ומאריך בשבחם. לאחר מכן הוא מסביר שהרמב"ם הוכרח לכתוב את ספרו נגד הפילוסופיה שהתפשטה בספרד, וכדי לענות תשובות לציבור שהושפע מכתבי אריסטו. לאחר מכן תוקף הרמב"ן את חכמי צרפת על זלזולם ברמב"ם ומתאר את פועלו החשוב והנצרך, בהמשך עונה לתשובות להשגות בעניני גיהינום והגשמה, ולבסוף מסכם שאת ספר מורה נבוכים יש ללמוד בצורה פרטנית ולא ציבורית וקורא לביטול החרם על הספר. כמו כן הוא מבקש לנהוג בכבוד ברבי שלמה מן ההר.

בהמשך הפולמוס תומכי הרמב"ם הלעיזו על רבינו יונה והצביעו על פגם במשפחתו. מכיוון שהרמב"ן היה קרובו ולעז זה היה גם עליו, הוא כתב נגדם שתי איגרות חריפות, שבהן תקף אותם הן מהפן ההלכתי והן מהפן המוסרי. הרמב"ן פנה לרבי משולם בעל ספר ההשלמה שהיה מתומכי הרמב"ם וביקש ממנו שישתיק את המלעיזים.

דעת רבינו המקובל האלוקי
האריז"ל על הרמב"ן

להאר"י[1] זלה"ה. הרמב"ן וחבריו ודברי ראשונים כמו רבי נחוניא בן
הקנה לא הזכירו רק עשר ספירות ולא גילו ענייני **פרצוף** כלל. ודע
שהרמב"ן והראשונים **היו יודעים** בפרצוף, אלא שדברו בהעלם גדול
לרוב הגלות, שלא ניתן רשות לגלות ולהתפשט האורות הגדולים מאחר
שגברו הקליפות וכל זר לא יאכל קדש. אמנם בעקבות משיחא כמו
בדורינו זה התחילו האורות להתפשט להיות כבראשונה כמו שהיה
בזמן העולם מתוקן ולהתתקן מעט, ומתחלה היו האורות סתומים היה
העולם מקולקל וכל מה שנתקלקל נסתם בגלות ולא היו משיגין אלא
עשר ספירות בסתום בסוד הנקודות, כל אחד כלול מעשר, ובעניין
הפרצופים לא נתגלה להם כלל לפי שמצאו בדברי הראשונים סתומים
ולא ידעו עומק הדברים, וחשבו שכך הוא ודברו בעשר ספירות, כל
אחד כלול מעשר, ובחינות הרבה ולפי שראיתי מי שחולק על דברים
אלו, לאמר שלא מצינו אלא עשר ספירות, ומהיכן יש לשלוט כח לאמר
כמה פרצופים שנמצא יותר מעשר ספירות, ומספר רב. והלא
הראשונים כתבו בספר יצירה עשר ולא תשע, עשר ולא י"א, לזה באתי
לפתוח לך כחודא דמחטא אולי תזכה להבין מקצת וכולו לא תשורנו
עין וזהו.

ידוע שפירוש הרמב"ן על התורה הוא עמוק עמוק מי ימצאנו, והקדמת
פירושו כותב הרמב"ן כי הפירוש עמוק, עם כל זאת בית ישראל
לומדים ושואבים קדושה וטהרה מפרושו על התורה.

---

[1] בסוף ספר עץ חיים

אגרת הרמב"ן

שְׁמַע[1] בְּנִי מוּסָר אָבִיךָ וְאַל תִּטּשׁ תּוֹרַת אִמֶּךָ. תִּתְנַהֵג תָּמִיד לְדַבֵּר כָּל דְּבָרֶיךָ בְּנַחַת, לְכָל אָדָם וּבְכָל עֵת, וּבָזֶה תִּנָּצֵל מִן הַכַּעַס, שֶׁהִיא מִדָּה רָעָה לְהַחֲטִיא בְּנֵי אָדָם. וְכֵן אָמְרוּ רַבּוֹתֵינוּ זִכְרוֹנָם לִבְרָכָה - כָּל[2] הַכּוֹעֵס כָּל מִינֵי גֵּיהִנָּם שׁוֹלְטִין בּוֹ. שֶׁנֶּאֱמַר - הָסֵר[3] כַּעַס מִלִּבֶּךָ וְהַעֲבֵר רָעָה מִבְּשָׂרֶךָ. וְאֵין רָעָה אֶלָּא גֵהִנָּם, שֶׁנֶּאֱמַר - וְגַם[4] רָשָׁע לְיוֹם רָעָה.

וְכַאֲשֶׁר תִּנָּצֵל מִן הַכַּעַס, תַּעֲלֶה עַל לִבְּךָ מִדַּת הָעֲנָוָה שֶׁהִיא מִדָּה טוֹבָה מִכָּל הַמִּידוֹת טוֹבוֹת, שֶׁנֶּאֱמַר - עֵקֶב[5] עֲנָוָה יִרְאַת הוי"ה. וּבַעֲבוּר הָעֲנָוָה, תַּעֲלֶה עַל לִבְּךָ מִדַּת הַיִּרְאָה, כִּי תִתֵּן אֶל לִבְּךָ תָּמִיד - מֵאַיִן[6] בָּאתָ וּלְאָן אַתָּה הוֹלֵךְ. וְשֶׁאַתָּה רִמָּה וְתוֹלֵעָה בְּחַיֶּיךָ, וְאַף כִּי בְּמוֹתֶךָ, וְלִפְנֵי מִי אַתָּה עָתִיד לִתֵּן דִּין וְחֶשְׁבּוֹן, לִפְנֵי מֶלֶךְ הַכָּבוֹד, שֶׁנֶּאֱמַר - הִנֵּה[7] הַשָּׁמַיִם וּשְׁמֵי הַשָּׁמַיִם לֹא יְכַלְכְּלוּךָ. אַף כִּי לִבּוֹת בְּנֵי אָדָם, וְנֶאֱמַר - הֲלֹא[8] אֶת הַשָּׁמַיִם וְאֶת הָאָרֶץ אֲנִי מָלֵא נְאֻם הוי"ה. וְכַאֲשֶׁר תַּחֲשׁוֹב אֶת כָּל אֵלֶּה, תִּירָא

---

[1] משלי א ח
[2] נדרים כב ב
[3] קהלת יא י
[4] משלי טז ד
[5] משלי כב ד
[6] פרקי אבות ב א
[7] מלכים-א ח כז
[8] ירמיהו כג כד

מִבּוֹרַאֲךָ וְתִשָּׁמֵר מִן הַחֵטְא, וּבְמִדּוֹת הָאֵלֶּה תִּהְיֶה שָׂמֵחַ בְּחֶלְקֶךָ.

וְכַאֲשֶׁר תִּתְנַהֵג בְּמִדַּת הָעֲנָוָה לְהִתְבּוֹשֵׁשׁ מִכָּל אָדָם וּלְהִתְפַּחֵד מִמֶּנּוּ [מֵהַשֵּׁם יִתְבָּרֵךְ] וּמִן הַחֵטְא, אָז תִּשְׁרֶה עָלֶיךָ רוּחַ הַשְּׁכִינָה, וְזִיו כְּבוֹדָהּ, וְחַיֵּי עוֹלָם הַבָּא. וְעַתָּה בְּנִי דַע וּרְאֵה, כִּי הַמִּתְגָּאֶה בְּלִבּוֹ עַל הַבְּרִיּוֹת, מוֹרֵד הוּא בְּמַלְכוּת שָׁמַיִם, כִּי מִתְפָּאֵר הוּא בִּלְבוּשׁ מַלְכוּת שָׁמַיִם, שֶׁנֶּאֱמַר – הוי"ה[9] מָלָךְ גֵּאוּת לָבֵשׁ לָבֵשׁ הוי"ה עֹז הִתְאַזָּר אַף תִּכּוֹן תֵּבֵל בַּל תִּמּוֹט. וּבַמֶּה יִתְגָּאֶה לֵב הָאָדָם? אִם בְּעֹשֶׁר – הוי"ה[10] מוֹרִישׁ וּמַעֲשִׁיר. וְאִם בְּכָבוֹד, הֲלֹא לֵאלֹהִים הוּא, שֶׁנֶּאֱמַר – וְהָעֹשֶׁר[11] וְהַכָּבוֹד מִלְּפָנֶיךָ. וְאֵיךְ מִתְפָּאֵר בִּכְבוֹד קוֹנוֹ? וְאִם מִתְפָּאֵר בְּחָכְמָה – מֵסִיר[12] שָׂפָה לְנֶאֱמָנִים וְטַעַם זְקֵנִים יִקָּח. נִמְצָא הַכֹּל שָׁוֶה לִפְנֵי הַמָּקוֹם בָּרוּךְ הוּא, כִּי בְאַפּוֹ מַשְׁפִּיל גֵּאִים, וּבִרְצוֹנוֹ מַגְבִּיהַּ שְׁפָלִים, לָכֵן הַשְׁפִּיל עַצְמְךָ וִינַשַּׂאֲךָ הַמָּקוֹם.

עַל כֵּן אֲפָרֵשׁ לְךָ אֵיךְ תִּתְנַהֵג בְּמִדַּת הָעֲנָוָה לָלֶכֶת בָּהּ תָּמִיד: כָּל דְּבָרֶיךָ יִהְיוּ בְּנַחַת, וְרֹאשְׁךָ כָּפוּף, וְעֵינֶיךָ יַבִּיטוּ לְמַטָּה לָאָרֶץ וְלִבְּךָ לְמַעְלָה, וְאַל תַּבִּיט בִּפְנֵי אָדָם בְּדַבֶּרְךָ עִמּוֹ, וְכָל אָדָם יִהְיֶה גָּדוֹל מִמְּךָ בְּעֵינֶיךָ, וְאִם חָכָם אוֹ עָשִׁיר הוּא – עָלֶיךָ לְכַבְּדוֹ, וְאִם רָשׁ הוּא, וְאַתָּה עָשִׁיר אוֹ חָכָם מִמֶּנּוּ – חֲשֹׁב בְּלִבְּךָ כִּי אַתָּה חַיָּב מִמֶּנּוּ וְהוּא זַכַּאי מִמְּךָ, שֶׁאִם הוּא חוֹטֵא הוּא שׁוֹגֵג וְאַתָּה מֵזִיד.

---

[9] תהלים צג א

[10] שמואל-א ב ז

[11] דברי הימים-א כט יב

[12] איוב יב כ

בְּכָל דְּבָרֶיךָ וּמַעֲשֶׂיךָ וּמַחְשְׁבוֹתֶיךָ וּבְכָל עֵת, חֲשֹׁב בְּלִבְּךָ כְּאִלּוּ אַתָּה עוֹמֵד לִפְנֵי הַקָּדוֹשׁ בָּרוּךְ הוּא, וּשְׁכִינָתוֹ עָלֶיךָ, כִּי כְבוֹדוֹ מָלֵא הָעוֹלָם. וּדְבָרֶיךָ יִהְיוּ בְּאֵימָה וּבְיִרְאָה כְּעֶבֶד לִפְנֵי רַבּוֹ, וְתִתְבַּיֵּשׁ מִכָּל אָדָם, וְאִם יִקְרָאֲךָ אִישׁ, אַל תַּעֲנֵהוּ בְּקוֹל רָם, רַק בְּנַחַת כְּעוֹמֵד לִפְנֵי רַבּוֹ.

וֶהֱוֵי זָהִיר לִקְרוֹת בַּתּוֹרָה תָּמִיד אֲשֶׁר תּוּכַל לְקַיְּמָהּ. וְכַאֲשֶׁר תָּקוּם מִן הַסֵּפֶר, תְּחַפֵּשׂ בַּאֲשֶׁר לָמַדְתָּ אִם יֵשׁ בּוֹ דָּבָר אֲשֶׁר תּוּכַל לְקַיְּמוֹ, וּתְפַשְׁפֵּשׁ בְּמַעֲשֶׂיךָ בַּבֹּקֶר וּבָעֶרֶב, וּבָזֶה יִהְיוּ כָּל יָמֶיךָ בִּתְשׁוּבָה. וְהָסֵר כָּל דִּבְרֵי הָעוֹלָם מִלִּבְּךָ בְּעֵת הַתְּפִלָּה, וְהָכֵן לִבְּךָ לִפְנֵי הַמָּקוֹם בָּרוּךְ הוּא, וְטַהֵר רַעְיוֹנֶיךָ, וַחֲשֹׁב הַדִּבּוּר קֹדֶם שֶׁתּוֹצִיאֶנּוּ מִפִּיךָ, וְכֵן תַּעֲשֶׂה כָּל יְמֵי חַיֵּי הֶבְלְךָ בְּכָל דָּבָר וְדָבָר וְלֹא תֶחֱטָא, וּבָזֶה יִהְיוּ דְּבָרֶיךָ וּמַעֲשֶׂיךָ וּמַחְשְׁבוֹתֶיךָ יְשָׁרִים, וּתְפִלָּתְךָ תִּהְיֶה זַכָּה וּבָרָה וּנְקִיָּה וּמְכֻוֶּנֶת וּמְקֻבֶּלֶת לִפְנֵי הַמָּקוֹם בָּרוּךְ הוּא, שֶׁנֶּאֱמַר - תָּכִין[13] לִבָּם תַּקְשִׁיב אָזְנֶךָ.

תִּקְרָא הָאִגֶּרֶת הַזֹּאת פַּעַם אַחַת בַּשָּׁבוּעַ וְלֹא תִּפְחוֹת, לְקַיְּמָהּ וְלָלֶכֶת בָּהּ תָּמִיד אַחַר הַשֵּׁם יִתְבָּרַךְ, לְמַעַן תַּצְלִיחַ בְּכָל דְּרָכֶיךָ וְתִזְכֶּה לָעוֹלָם הַבָּא הַצָּפוּן לַצַּדִּיקִים, וּבְכָל יוֹם שֶׁתִּקְרָאֶנָּה יַעֲנוּךָ מִן הַשָּׁמַיִם כַּאֲשֶׁר יַעֲלֶה עַל לִבְּךָ לִשְׁאוֹל עַד עוֹלָם אָמֵן סֶלָה.

---

[13] תהלים י יז

יום הדין

תנו רבנן - שלשה[1] ספרים נפתחים בראש השנה, אחד שלצדיקים גמורים, ואחד שלרשעים גמורים, ואחד שלבינונים, צדיקים גמורים נכתבין ונחתמין לאלתר לחיים. רשעים גמורים נכתבין ונחתמין לאלתר למיתה. בינונים תלויין ועומדין מראש השנה ועד יום הכפורים. זכו, נכתבין לחיים. לא זכו - למיתה.

זה שאמרו חכמים בצדיקים שנכתבים לחיים ורשעים למיתה, לא צדיקים שאין להם עוונות, ולא רשעים שאין להם זכות. שכמה צדיקים מתים לאלתר, וכמה רשעים מאריכים ימים בשלווה. והכתוב צווח - יש[2] הבל אשר נעשה על הארץ אשר יש צדיקים אשר מגיע אלהם כמעשה הרשעים ויש רשעים שמגיע אלהם כמעשה הצדיקים אמרתי שגם זה הבל. וכבר אמרו חכמים - אין[3] בידינו לא שלוות רשעים ואף לא ייסורי הצדיקים.

אלא כך המידה - יש עוונות שדינו שהקדוש ברוך הוא ומשפטיו הצדיקים להיפרע עליהם בעולם הזה, ויש מהם שהדין להיפרע בעולם הבא. וכן בזכויות. יש מהן שבעל הגמול

---

[1] ראש השנה טז ב
[2] קהלת ח יד
[3] פרקי אבות ד טו

משלם שכרן בעולם הזה, ויש בעולם הבא. וכשאדם חוטא כל שעה, ומתלכלך בעוונות ומתטנף בחטאים ומתגלגל בפשעים, ועושה גם כן צדקות ומעשים טובים, ובאים מעשיו לפני אדון הכל, שוקל אותן מעשים אלו נגד אלו. והצדיק שהוא צדיק גמור, זוכה לחיים. וכן הרשע, שדינו נותן לשלם לו שכר טוב בעולם הזה על המעשה הטוב, נכתב ונחתם לאלתר בראש השנה לחיים. כלומר, שפוסקים לו חיים ושלוה ועושר ונכסים וכבוד. ונמצא זה צדיק גמור בדינו. והרשע, שהוא רשע גמור מכל צד, נחתם לאלתר למיתה.

וכן בעל מעשה טוב, שנכשל בעבירה אחת בלבד, ונענש עליה למיתה, נכתב ונחתם לאלתר למיתה בראש השנה. כלומר - שימות בשנה זאת, או שיחיה בתחלואים רעים, חיי צער וייסורים. ונמצא זה רשע גמור בדינו, אף על פי שזה צדיק וזוכה לעולם הבא. והראשון, שזכה לחיים, רשע גמור ואובד לגמרי. עד שיהיה גדול שבנביאים, כשנידון על חטא אחד קל ונענש עליו, נקרא בכאן רשע גמור. ויהיה אחאב, שנאמר בו הראיתֿ[4] כי נכנע אחאב מלפני, נקרא בזה צדיק גמור. וכן זה שאמרו חכמים זיכרונם לברכה, לחיים ולמיתה, אינם בימים בלבד, אלא כל העונשים שבעולם הזה - נגעים ומיתת בנים ועוני, וכיוצא בהן, כינו אותם חכמים בשם **מיתה**, וכינוי השכר, הגמול הטוב, אמרוהו בלשון - **חיים**[5].

---

[4] מלכים-א, כא, כב
[5] נדרים סד ב

זה הדין שאמרו חכמים זיכרונם לברכה, שכל אדם נידון בראש השנה, אינו אם יזכה לגן עדן ולחיי העולם הבא, או יתחייב לגיהינום ואבדון. שאין אדם נידון בראש השנה, אלא לעניני העולם הזה, אם ראוי לחיים ולשלווה, או למיתה וייסורין. כך אמרו חכמים - זה[6] היום תחילת מעשיך, זיכרון ליום ראשון, כי חק לישראל הוא, משפט לאלוהי יעקב, ועל המדינות בו יאמר - אי זו לחרב ואיזו לשלום, איזו לרעב ואיזו לשובע, ובריות בו יפקדו, להזכירם לחיים ולמוות.

אלא כך היא המידה - בראש השנה שוקלין מעשיו שלאדם, ונכתב ונחתם לזכות ולחובה בעולם הזה, כפי מה שמגיע לו בחלקו לפי מעשיו בעולם הזה. וכשהאדם נפטר לבית עולמו, שוקלין ופוסקין עליו חלקו כפי הראוי לו בעולם הנשמות.

שנו חכמים זיכרונם לברכה - שלוש[7] כתות הן ליום הדין, אחת שלצדיקים גמורים, ואחת שלרשעים גמורים, ואחת שלבינונים.

צדיקים גמורים נכתבין ונחתמין לאלתר לחיי העולם הבא.

רשעים גמורים נכתבים ונחתמים לאלתר לגיהנם, שנאמר - ורבים[8] מישני עפר יקיצו אלה לחיי עולם ואלה לחרפה

---

[6] ראש השנה כז א

[7] ראש השנה טז ב

[8] דניאל יב ב

ולדיראון עולם.

בינונים, שעוונותיהן וזכיותיהן שקולים, הקדוש ברוך הוא נקרא רב חסד, ומטה כלפי חסד, ועליהם אמר דוד - אהבתי[9] כי ישמע הוי"ה את קולי תחנוני. ועליהם נאמרה אותה הפרשה כולה - דלותי[10] ולי יהושיע.

היה בכלל מחצה עוונות שלהם פושעי ישראל בגופן, והוא הראש שלא הניח תפילין מעולם, והוא הדין לשאר מצות עשה שבגופן שלא קיימו מעולם, כגון שלא קרא קריית שמע ולא ברך על המזון מעולם, כולן יורדין לגיהנם ומצפצפין ועולים הימנה ומתרפאין, שנאמר - והבאתי[11] את השלישית באש. ועליהם אמרה חנה - הוי"ה[12] ממית ומחיה מוריד שאול ויעל.

אבל מי שעוונותיו מרובים מזכיותיו, ובכלל אותן העוונות עוון זה החמור, והוא פושעי ישראל בגופן, וכן פושעי אומות העולם בגופן, והן בעלי עבירה כגון עריות, יורדין לגיהנם ונידונין בה שנים עשר חודש.

לאחר שנים עשר חודש גופן כלה ונשמתן נשרפת וגיהינום, פולטתן ורוח מפזרתן תחת כפות רגלי הצדיקים, שנאמר –

---

[9] תהלים קטז א
[10] תהלים קטז ו
[11] זכריה יג ט
[12] שמואל-א ב ו

ועשותם[13] רשעים כי יהיו לאפר תחת כפות רגליכם.

אבל המינין והמשומדין והאפיקורסין, שכפרו בתורה ושכפרו בתחיית המתים, ושפירשו מדרכי צבור, ושנתנו חתיתם בארץ חיים, והם הפרנסים המטילים אימה יתירה על הציבור שלא לשם שמים, כגון מלכי גויים, אף על פי שאינו מחטיא אותן, אלא מוליכן בדרך ישרה, אלא הצבור מכונים דעותיהן ומעשיהן הטובים לעבודתן, ולא לעבודת אדון הכל. ושחטאו והחטיאו את הרבים, כגון ירבעם בן נבט וחבריו - יורדין לגיהינום ונדונין בה לדורי דורות, שנאמר - ויצאו[14] וראו בפגרי האנשים הפשעים בי כי תולעתם לא תמות ואשם לא תכבה והיו דיראון לכל בשר.

זה שאמרו חכמים זיכרונם לברכה - שלוש[15] כתות ליום הדין. יום מועד הוא לדין הכל, הוא שכתוב עליו - יום[16] הוי"ה הגדול והנורא. והוא יום וזמן מתחילת העולם הבא.

וכן שנינו בפרק חלק - אנשי[17] דור המבול אין להם חלק לעולם הבא ואין עומדין בדין, דור הפלגה אין להם חלק לעולם הבא, אנשי סדום אין להם חלק לעולם הבא אבל עומדין בדין.

---

[13] מלאכי ג כא

[14] ישעיהו סו כד

[15] ראש השנה יז א

[16] מלאכי ג כג

[17] משנה סנהדרין י ג

וַעֲלֵיהֶם שָׁנוּ בְּתוֹסֶפְתָּא זֶה שֶׁאָמַרְנוּ - שָׁלוֹשׁ[18] כִּתּוֹת הֵן לְיוֹם הַדִּין אַחַת שֶׁל צַדִּיקִים גְּמוּרִים וְאַחַת שֶׁל רְשָׁעִים גְּמוּרִים וְאַחַת שֶׁל בֵּינוֹנִיִּים.

אֲבָל אֵין הַכַּוָּונָה לַחֲכָמִים זִכְרוֹנָם לִבְרָכָה לְהַאֲרִיךְ עוֹנֶשׁ הָאָדָם וּשְׂכָרוֹ עַד הַיּוֹם הַהוּא, וְשֶׁלֹּא יָבוֹא דִין וְעוֹנֶשׁ אוֹ שָׂכָר לַנְּפָשׁוֹת קוֹדֶם אוֹתוֹ הַדִּין. אֶלָּא, לְפִי שֶׁהֵם זִכְרוֹנָם לִבְרָכָה מוֹנִין כַּת הַצַּדִּיקִים הַגְּמוּרִים, וְהֵם הַזּוֹכִים לְחַיֵּי הָעוֹלָם הַבָּא שֶׁהוּא אַחַר יוֹם הַדִּין, לְפִיכָךְ סִפְּרוּ בָּהֶם שְׂכָרָם הַגָּמוּר, שֶׁהוּא חַיֵּי הָעוֹלָם הַבָּא.

וְכֵן כַּת הָרְשָׁעִים הַגְּמוּרִים הֵם הַנִּכְרָתִים מֵחַיֵּי הָעוֹלָם הַבָּא, וְהֵם הַנִּדּוֹנִים בְּאוֹתוֹ הַיּוֹם הֶעָתִיד לְהַחֲזִירָם בְּגֵיהִנֹּם, וּלְהַכְרִית וּלְהַאֲבִיד הַנֶּפֶשׁ שָׁם מִתּוֹךְ הָעוֹנֶשׁ וְהַצַּעַר הַגָּדוֹל הַמִּתְחַדֵּשׁ שָׁם עֲלֵיהֶם, הָלְכוּ בַּבָּרַיְיתָא זוֹ אַחַר סוֹף מַתַּן שְׂכָרָן שֶׁלַּמִּצְוֹת וְאַחַר סוֹף עוֹנְשָׁן שֶׁלָּעֲבֵירוֹת.

אֲבָל כָּל אֶחָד וְאֶחָד מִבְּנֵי אָדָם יֵשׁ לוֹ הַדִּין בִּשְׁעַת מִיתָתוֹ, וְהוּא נִדּוֹן בִּשְׁלוֹשׁ דִּינֵי כִּתּוֹת הַלָּלוּ בְּעַצְמָן.

הַצַּדִּיקִים הַגְּמוּרִים נִכְתָּבִין וְנֶחְתָּמִין לְאַלְתַּר לְגַן עֵדֶן, וְהוּא עַצְמוּ חַיִּים מֵחַיֵּי הָעוֹלָם הַבָּא.

---

18 רֹאשׁ הַשָּׁנָה טז ב

ורשעים גמורים נכתבים ונחתמים לאלתר לגיהינום ונדונין בו.

ובינונים מצפצפים משם להוציאן למקום מנוחה, כמו שאנו עתידין לבאר.

בין בדין שלגיהינום דהווה בכל יום לכל נפש ונפש, בין בדין הגמול העתיד שהזכירו בברייתא זו, כל אדם נדון שם כפי מעשיו בשלשה דינין שמנו עליו:

דין הקל שבהן אין לו קצבה, אלא כל אחד נדון ומצפצף ועולה. וההמור שבהן לדורי דורות.

והבינוני דינו שנים עשר חודש, לאחר שנים עשר חודש בזמן הזה גיהינום פולטתו ונמסרות לדומה, ואין להם מנוחה. ואנו עתידים לבאר זה בדבור וברמז.

אבל לאחר שנים עשר חודש מן הדין הגדול, גופן כלה ונשמתן נשרפת ורוח מפזרתן תחת כפות רגלי הצדיקים. אף על פי שיש בבעלי עבירה עצמן שע23שו גדול מחברו, וחיובו יתר הימנו, וכולן נידונין שנים עשר חודש. כך יש בעונשים, צער וייסורין בגיהינום לאחד יותר מחבירו, גיהינום למטה מגיהינום לעונש וצער כמו שאנו עתידים להזכיר. והכל במשפט אמת

ודין יושר, שנאמר - כי[19] כל דרכיו משפט.

ואם תשאל: ואלו שקראו אותן חכמים זכרונם לברכה –
בינונים, לפי שעוונותיהם וזכויותיהם שקולים, ואמרו בהן –
ורבה[20] חסד מטה כלפי חסד. יורדין לגיהינום, או אין יורדין שם?

- אם תאמר יורדין מה הועילה להם המידה הטובה הזאת -
ורבה[21] חסד מטה כלפי חסד?

- ואם תאמר אין יורדין שם, וכי עונות שקולים שעשו במה
יתכפרו?

ותשובת שאלה זו לשואל - אותו רשע, שעשינו אותו רשע
גמור, שנידון לגיהינום לדורי דורות לפי שכפר בתחיית
המתים, או הטיל אימה יתירה על הצבור. והוא היה עוסק
במצווה ובתורה, במה ישתלם שכרו, וכי לא יהיה בינו ובין
העובד עבודה זרה כל ימיו, ומגלה עריות ושופך דמים חלוק
והפרש - הוי"ה[22] צדיק בקרבה לא יעשה עולה בבקר בבקר
משפטו יתן לאור לא נעדר ולא יודע עול בשת.

אלא – העושה מצות ומעשים טובים, ועובר עבירות הרבה או

---

[19] דברים לב ד
[20] ראש השנה יז א דברים לב ד
[21] ראש השנה יז א
[22] צפניה ג ה

עבירה אחת חמורה שראוי להיות אבד בה, ונדון כרשע גמור, משלם לו הקדוש ברוך הוא שכר אותן המצות בעולם הזה. שנאמר – ומשלם[23] לשונאיו אל פניו להאבידו. כדמתרגם אונקלוס – ומשלם לשנאוהי טבוון דאינון עבדין קדמוהי בחייהון בהאי עלמא לאובד בעלמא דאתי, לא מאחר עובד טב לשנאוהי, טבין דאינון עבדין קדמוהי, בחייהון משלם להון.

וכן הצדיק הזה שהוא שקול, והקדוש ברוך הוא ברחמיו הרבים מטה לו כלפי חסד ועושה אותו כצדיק גמור, אינו יורד לגיהינום, אלא בעולם הזה נענש על עונות שעשה וחטאיו הראשונים, וניצל מדינה שלגיהינום. כך שנו חכמים - רובו[24] זכיות ומיעוטו עבירות נפרעין ממנו מיעוט עבירות קלות שעשה בעולם הזה, בשביל ליתן לו שכרו משלם לעולם הבא. רובו עבירות ומיעוטו זכיות, נותנין לו מתן שכר מצות קלות שעשה בעולם הזה בשביל להיפרע ממנו משלם לעתיד לבא. כמו שמפורש במסכת פאה .

ואם תאמר: אני שואל אותך על המת הנידון, שהוא שקול בשעת דינו, ואתה משיבני על החי שנפרעין ממנו בחייו. ולדבריך אין אדם בא לידי המידה הזו שיהא שקול ויהא רב חסד מטה כלפי חסד, ובברייתא שנינו - שלוש כתות ליום הדין – הצדיק, והשקול והרשע. ומשמע דבשעת דינן לאחר מיתה

---

[23] דברים ז, י
[24] ירושלמי פאה א, א

במידות הללו הם.

אנו כך השיבונו אליך - דיין האמת יתברך שמו, דן האדם לפי מעשיו. יש עונות שדינו להיפרע מן העושה אותן בעולם הזה בחיים, ויש מהם שדינו להיפרע מהן לאחר מיתה בדין גיהינום. וכיון שהקדוש ברוך הוא דן את האדם בראש השנה, והוא שקול ומעויין, מידת רב חסד שלו שהוא מטה כלפי חסד פוטרו מגיהינום, והדין נותן שיפרע ממחצה עונות שלו בחיים בעולם הזה.

וכך היא המידה – ברובו זכיות ומיעוטו עבירות, אין ממתינין לו עד יום המיתה, אלא כיון שרואה הקדוש ברוך הוא שהוא מזדכה בעולם הנשמות, מקדים לו וגובה ממנו מיעוט עבירות בעולם הזה בחיים. ולפי המידה הזו, היה רובו זכיות בראש השנה, ונגזרה עליו מיתה, אם הכריע עצמו לכף חובה, בין שיהא שקול בין שיהא רובו עבירות, הרי האריך הדין על עצמו עד שיקבל שכר מצוותיו או פורענות עונותיו ופשעיו, בין שיקבל אותן באריכות ימיו או בשאר המידות בעולם הזה, כדי שיהא הגמול שלם וקיים לו לעולם הנשמות, כמו שהזכירו חכמים במקום שהזכרנו.

וכן שנויה עוד במדרש – רבי[25] עקיבה אומר אחד אלו ואחד אלו מדקדק עמהם עד תהום רבה, מדקדק עם הצדיקים, וגובה

---

[25] בראשית רבא לג א

מהם מיעוט מעשים רעים שעשו בעולם הזה, כדי להשפיע להם
שלוה לעולם הבא. ומשפיע שלוה לרשעים ונותן להם שכר
מצוות קלות בעולם הזה, כדי להיפרע מהם לעתיד לבא.

צדיק ורע לו רשע וטוב לו

ועוד אמרו: כשנאחזו[1] רבן שמעון בן גמליאל ורבי ישמעאל בן אלישע, גזרו עליהם שיהרגו. והיה רבי ישמעאל בוכה.

אמר לו רבן שמעון בן גמליאל: רבי, מפני מה אתה בוכה, לשתי פסיעות אתה נתון בחלקן שלצדיקים ואתה בוכה?

אמר לו: אני בוכה על שאנו נהרגין כעובדי עבודה זרה ומגלי עריות ושופכי דמים וכמחללי שבתות.

אמר לו: רבי, שמא סועד היית או ישן, ובאה אליך אישה לשאול על נידתה ועל טומאתה ועל טהרתה, ואמרת לה המתיני עד שאישן, והתורה אמרה - כל[2] אלמנה ויתום לא תענון אם ענה תענה אותו. וכתיב בתריה - וחרה[3] אפי והרגתי אתכם בחרב", **בחרבי** לא נאמר אלא **בחרב**.

לפי המידה הזו, ישראל רבי צער וייסורים בעולם הזה יותר משאר האומות.

כיצד? אי אפשר לאומות בלא צדקה ובלא מעשים נאים, ואי

---

[1] אבל רבתי ה
[2] שמות כב, כא
[3] שמות כב, כג

אפשר לישראל בלא עבירות. אלא שהאומות אובדין בעונש עבודה זרה שלהם לגיהינום ואבדון, וישראל חלקם בחיים, שדבקים ביוצר הכל יתברך, ולפיכך הדין מתוח כנגד ישראל להיפרע מהן מלכלוך עוונותיהם בעולם הזה, ומידת הטוב פרושה על האומות לשלם להם שכר טוב בעולם הזה על מעשים נאים וצדקה שעושין. זהו שנאמר – רק[4] אתכם ידעתי מכל משפחות האדמה על כן אפקוד עליכם את כל עונותיכם.

וכך דרשו במסכת תענית[5] – אל[6] אמונה ואין עול צדיק וישר הוא. **אל אמונה** - כשם שנפרעין מן הרשעים לעולם הבא אפילו על עבירה קלה שעשו, כך נפרעין מן הצדיקין בעולם הזה אפילו על עבירה קלה שעושין. **ואין עול** - כשם שמשלמין שכר טוב לצדיקים לעתיד לבא, אפילו על מצוה קלה שעושים. כך משלמים שכר לרשעים בעולם הזה. על מצוה קלה שעושים.

ואמרו לפי דרך זו – ואמר[7] רבא לא איברי עלמא אלא לרשיעי גמורי או לצדיקי גמורי. כלומר, שהצדיקים גמורים אוכלין העולם הזה, ונוחלים העולם הבא, שנאמר - להנחיל[8] אוהבי יש ואוצרותיהם אמלא. ורשעים גמורים, אף על פי שיורדין לגהינם לבאר שחת, אוכלין העולם הזה בשכר מיעוט מעשים

---

[4] עמוס ג, ב

[5] תענית יא, א

[6] דברים לב ד

[7] ברכות סא, ב

[8] משלי ח, כא

טובים שעשו, וזהו שנאמר - הן[9] צדיק בארץ ישולם אף כי
רשע וחוטא. כלומר - הן הצדיק משתלם בעולם הזה על
עבירות שעשה, קל וחומר שישתלם הרשע והחוטא.

רבותינו למדו, שמתשלומי הצדיק שאנו רואין בארץ, שהוא
העולם הזה, יש לנו ללמוד תשלום הרשעים לעולם הבא בקל
וחומר.

אַף עַל פִּי שהמידה כך היא כמו שהזכירו רבותינו זיכרונם
לברכה, אפשר כשיחטא האדם סמוך למיתה ויכריע עצמו לכף
חובה, וזכיות שעשה מקילין לו מדינה של גיהינם. וכן מי שהיה
רובו עוונות, וסמוך למיתה שקל עצמו, והיה מחצה זכיות
ומחצה עבירות, רב חסד מטה לו כלפי חסד, וזוכה בעולם
הנשמות, ומחצה עבירות שעשה גורעין ממנו חלקו. שכל אדם
לפי מעשיו זוכה לעולם הבא, כך אמרו חכמים - ואמר[10] רבה
אמר רבי יוחנן עתיד הקדוש ברוך הוא לעשות שבע חופות
לכל צדיק וצדיק, שנאמר - וברא[11] הוי"ה על כל מכון הר ציון
ועל מקראיה ענן יומם ועשן ונוגה אש להבה לילה כי על כל
כבוד חופה. מלמד שכל אחד ואחד עושה לו הקדוש ברוך הוא
חופה לפי כבודו, עשן בחופה למה, אמר רבי חנינא שכל מי
שעיניו צרות בתלמידי חכמים בעולם הזה, מתמלאות עיניו
עשן לעולם הבא, ואש בחופה למה, אמר רבי חנינא מלמד

---

[9] משלי יא, לא
[10] בבא בתרא עה, א
[11] ישעיהו ד, ה

שֶׁכָּל אֶחָד וְאֶחָד נִכְוֶה מֵחוּפָּתוֹ שֶׁל חֲבֵירוֹ, אוי לה לאותה בושה אוי לה לאותה כלימה.

וכן אפשר, שזה הדין נוהג במי שהיה בראש השנה במידה אחת, ונגזר עליו דינו, ואחר כך הכריע עצמו לצד אחת מן המידות, שדינו במקומו עומד, ובעולם הנשמות הוא הנדון בשלוש כתות הללו כפשט הברייתא.

כְּשֶׁנִּפְרָעִין מִמִּי שרובו זכיות על מיעוט עבירות שעשה בעולם הזה, הרי הוא כאילו לא עשאן, ונותנין לו בעולם הבא כמו שראוי לזכיות שעשה. אף על פי כן, מי שבידו מאה מצוות, ואין בידו עבירה, ומי שבידו מאה מצוות כמותן, והיו בידו עבירות, אלא שנפרעו ממנו בעולם הזה, אין חלקם בעולם הבא שווה - שזה צדיק גמור, וזה אינו צדיק גמור.

לפיכך נפרעים ממנו בעולם הזה, בכדי שיהא ראוי לעולם הבא, לא שיגיע למעלת הצדיקים שלא חטאו. אלא - כל שנקי וזכאי מחברו, חלקו בטוב מרובה משל חברו, כפי מה שראוי לכל אחד לפי אמונתו וכפי מעשיו, כי - ולכן[12] יחכה הוי"ה לחננכם ולכן ירום לרחמכם כי אלה"י משפט הוי"ה אשרי כל חוכי לו.

וְעוֹד מָצִינוּ שאמרו חכמינו זיכרונם לברכה — אם[13] רואה אדם

---

[12] ישעיהו ל, יח
[13] ברכות ה, א

שייסורין באין עליו, יפשפש במעשיו, שנאמר - נחפשה[14]
דרכינו ונחקרה ונשובה עד הוי"ה. פשפש ולא מצא, יתלה
בביטול תורה. תלה ולא מצא - בידוע שייסורין שלאהבה הן.
שנאמר - כי[15] את אשר יאהב הוי"ה יוכיח וכאב את בן ירצה.
ואמר רבה אמר רב סחורה, כל שהקדוש ברוך הוא חפץ בו,
מדכאו בייסורין שנאמר - והוי"ה[16] חפץ דכאו החלי אם תשים
אשם נפשו יראה זרע יאריך ימים וחפץ הוי"ה בידו יצלח.

למדנו מהן זיכרונם לברכה שייסורין באין תחילה על מעשיו
הרעים שלאדם, והן עבירות של לא תעשה שהדין נותן שייענש
עליהם. לפיכך, כשייסורין באין עליו ראוי לו לפשפש במעשיו
ולחזור מהן בתשובה, שנאמר - נחפשה[17] דרכינו ונחקרה
ונשובה עד הוי"ה.

ופעמים שייסורין באין על בטול תורה, וכן כיוצא בזה, זהו
בטולי מצות עשה, כמו שמבואר בתלמוד - שאמר[18] רב קטינא
למלאך שנתגלה לו, וכי ענישתו אעשה? ואמר לו - בעידן
ריתחא ענשינן.

לפיכך, מי שבאו עליו ייסורין, ופשפש בעצמו ולא מצא בידו
עבירה, וחטא שיש בידו ידיעה בתחילה ובסוף, יתלה הייסורין

---

[14] איכה ג, מ
[15] משלי ג, יב
[16] ישעיהו נג, י
[17] איכה ג, מ
[18] מנחות מא, א

בביטולי מצות עשה שאינו מזדרז בהן לעשותן כראוי, אלא מתעצל בעשייתן ובקיומן. אבל מי שהוא צדיק גמור, ואין בידו עבירות ולא בטולי מצות, אין אלו ייסורין של עבירות אלא ייסורין שלאהבה, והן כדרך הייסורין שפירשנו למעלה, ליתן לו שכר משלם לעולם הבא.

ולמה נקראו **ייסורין של אהבה**, והלא ייסורין שפירש ייסורין שלעונשין הן, על מיעוט עבירות שעשה, כגון שהן באין על שגגת מעשה ועל העלם דבר?

כיצד, הרי שאכל חלב בשוגג נקרא חוטא, שכך קראתיו התורה בכל מקום. ומהו חטאו, שלא נזהר בעצמו, ולא היה חרד וירא את דברי המקום ברוך הוא שלא יאכל ולא יעשה דבר עד שיבדוק יפה יפה, ויתגלה לו הדבר שהוא מותר וראוי לו לפי מידותיו של הקדוש ברוך הוא. ועל דרך הזה הוא טעם חטא השגגה בכל התורה.

ועוד, שכל דבר האסור מלכלך הנפש ומטמא אותה, דכתיב – **ונטמאתם בם**, לפיכך נקרא השוגג חוטא. אף על פי כן אין השוגג ראוי להיענש בגיהינום ובאר שחת, אלא שהוא צריך מירוק מאותו עוון, ולהקדש ולהיטהר ממנו, כדי שיהא ראוי למעלה ההוגנת למעשיו הטובים בעולם הבא. לפיכך חס הקדוש ברוך הוא על עמו ועל חסידיו, ונתן להם קרבנות להתכפר בהן השגגות.

וכשאין בית המקדש קיים, משלח עליהם ייסורין למרק אותן השגגות, ולהתכפר בייסורין כדי להיותן נקיים לעולם הבא. כשם שהקרבנות אהבה וחמלה על ישראל, כך ייסורין הללו אהבה וחמלה על האדם. אבל מכל מקום אפילו ייסורין אלו לכפרה הן באים.

וכך אמר שם רבי יוחנן – נגעים[19] ובנים אינן יסורין של אהבה. ופריך **ונגעים לא**, והאמר רבי כל שיש בו מארבע מראות נגעים הללו, אינן אלא מזבח כפרה לישראל.

הרי שדימו מזבח כפרה לייסורין שלאהבה. ואף על פי שתרץ – מזבח כפרה הוו, ייסורין של אהבה לא הוו, לומר – שאין הכוונה לדמותו למזבח ממש, אלא כשם שהמזבח מכפר על הראוי לו והן השגגות, כך מראות נגעים מכפרין על הזדונות. ועוד תירצו עניין אחר ואמרו – הא לן והא להו. כלומר, שבתי ארץ ישראל טהורין וארצם טהורה, והנגעים מרחיקין את בעליהם מכל אדם ומכל מגע, אין זה יסורין שלאהבה, לפי שהעונש הגדול אין ראוי אלא לחטאי הזדון והעוונות החמורים. אבל בבבל, שאינן נזהרין בטומאה, הוו ייסורין שלאהבה, וזהו מזבח כפרה. מכאן למדנו שאין ייסורין שלאהבה אלא בכפרת חטא, וכך אמרו שם – בייסורין שלאהבה, שהן ממרקין כל גופו שלאדם, ואין תמרוק ראוי, אלא על מירוק עוונות או חטאים.

---

19 ברכות ה, ב

ועוד נאמר שם – על המעשה שאירע לרב הונא, שהחמיץ היין שלו - ומי[20] חשיד קדוש ברוך הוא דעביד דינא בלא דינא. מלמד שאין רעה באה על האדם בין בגופו בין בממונו אלא על הדין.

ולפי זה אמרו שם עוד - כל ייסורין שיש בהן ביטול תורה או ביטול תפילה, אינן ייסורין של אהבה. וכן אמרו – אם מקבלן עליו מאהבה, מה שכרו – יראה[21] זרע יאריך ימים וחפץ הוי"ה בידו יצלח. ולא עוד אלא שתלמודו מתקיים בידו, שנאמר – **וחפץ**[22] **הוי"ה בידו יצלח**. מפני שאין אהבה ראויה להביא על האדם ייסורין קשין, שיהיו מבטלין גופו מעבודתו של הקדוש ברוך הוא מתפילה ותורה. שאין בעונשין שיהא האדם אבד בהם, או נכרת ושמו נמחה. אינן אלא ייסורין שסופן שלוה, ואין בהם אלא הכנעת דעת לשעה. וביסורין אמרו חכמים – צדיקים[23] תחילתן ייסורין וסופן שלוה.

ובפרק חלק אמרו - כשחלה[24] רבי אליעזר, נכנסו תלמידיו לנחמו.

אמר להם – חימה עזה באה לעולם. התחילו בוכין, ורבי עקיבה משחק.

---

[20] ברכות ה, ב

[21] ישעיהו נג, י

[22] ישעיהו נג, י

[23] בראשית רבה סו, ה

[24] סנהדרין קא, א

אמרו לו – עקיבה, מפני מה אתה משחק?

אמר להן – מפני מה אתם בוכים?

אמרו לו – אפשר ספר תורה בצער, ולא נבכה?

אמר להם – לכך אני משחק, שכל זמן שאני רואה רבי שאין יינו מחמיץ, ואין פשתנו לוקה, ואין שמנו מבאיש, ואין דובשנו מדביש, אמרתי שמא חס ושלום קבל רבי עולמו. ועכשיו שאני רואה רבי בצער, אני שמח.

אמר לו – עקיבה, כלום חסרתי מן התורה כולה?

אמר לו לימדתנו רבנו – כי[25] אדם אין צדיק בארץ אשר יעשה טוב ולא יחטא.

ועוד אמר לו בפעם אחרת – חביבין ייסורין, והביא לו ראיה ממנשה, שכל טורח שטרח בו אביו לא השיבו למוטב אלא ייסורין.

הרי רבי עקיבה לא נחמו לרבי אליעזר אלא בייסורים שלמירוק עוונות. ואם יש במידותיו של הקדוש ברוך הוא ייסורים שלא חטא כלל, היאך לא נחמו בהן? וכי מי היה ראוי לייסורים שלאהבה ושלא חטא, אלא רבי אליעזר! ועוד, שהיה רבי עקיבה תלמידו, ולא בא אלא לכבדו בכל כחו, והיה תולה לו ייסורין שלו לכבודו! הא למדנו שאין ייסורין אלא לכפרה.

עוד הזכירו חכמים זיכרונם לברכה דרך אחרת בייסורין, אמרו

תנא[26] דבי רבי ישמעאל כל שעברו עליו ארבעים יום בלא ייסורים קבל עולמו.

ופירוש העניין הזה הוא מן המקרים ההווים בנוהג שלעולם והבאים על כל אדם, כגון שימצא טורח במעשיו לפרקים ויכאב גופו כשיאכל מאכלים שאינן הגונין לו לפי טבע שלו, וראשו כשיעמוד לשמש, ויהיו לו מן היגיעות שבאו אפילו על המלכים, שכגון אלו אין ניצל מהן אלא הרשע הגמור לגיהינום, שמקבל עולמו ושומרין אותו מן השמים לעשות לו כל רצונו בעולם הזה, שנאמר – יחילו[27] דרכיו בכל עת. אבל שאר בני אדם כולם, בין צדיקים בין רשעים, בכלל מנהגו שלעולם הם.

וזהו שפירשו בגמרא שם בערכין – עד[28] היכן תכלית יסורין, כל שארגו לו בגד ללבוש ואינו מקובל עליו. ואתקיפו עלה, והעלו, אפילו נהפך לו חלוקו, ואפילו הושיט ידו לכיס ליטול שלוש ועלו בידו שתים. וכל כך למה? דתני דבי רבי ישמעאל, כל שעברו עליו וכו', וזה עניין אחר הוא, אינו מן היסורין שמשתנין בהם בני אדם זה מזה ברוב. אבל ביסורין ממש לא למדנו בהן יסורין אלא לכפרה.

ואם תשאל ותאמר – הלא מפורש בתורה שיש ייסורין

---

[26] ערכין טז, ב
[27] תהלים י, ה
[28] ערכין טז, ב

שלניסיון, כגון – והאלהים[29] נסה את אברהם. וכן – למען[30] ענותך לנסותך לדעת את אשר בלבבך התשמור מצוותיו אם לא.

תשובה לשאלה זו - כך הדבר וכך היא המידה, שהקדוש ברוך הוא מנסה, ולא כל אדם, אלא מנסה הוא את חסידיו. שנאמר – הוי"ה[31] צדיק יבחן. וכן דרשו בבראשית[32] רבה.

היוצר הזה כשהוא בודק את כבשונו, אינו בודק קנקנים מרועעים, שאינו מספיק להקיש אחת עליו עד שהוא שוברו. ובמי הוא בודק, בקנקנים יפים, שאפילו מקיש עליהם כמה פעמים אינן נשברים. כך אין הקדוש ברוך הוא מנסה את הרשעים שאינן יכולין לעמוד, ואת מי הוא מנסה, את הצדיקים, שנאמר – הוי"ה[33] צדיק יבחן. וכתיב – והאלהים[34] נסה את אברהם.

ומהו הניסיון הזה? שיביא עליו בעבודתו של הקדוש ברוך הוא ובעשיית מצוותיו טורח ועמל. לפי שיש בני אדם שעושין מצות ומעשים טובים כשידם משגת, וכשהן בשלוה וריווח. אבל מתוך הדוחק, כשהעבודה באה עליהם בטורח ובעמל אינן

---

[29] בראשית כב, א

[30] דברים ח, טז

[31] תהלים יא, ה

[32] בראשית רבה נה, ב

[33] תהלים יא, ה

[34] בראשית כב, א

עושין.

לפיכך הקדוש ברוך הוא מטריח על יראיו בקצת הניסיון, כדי שיקבלו מצות, ויעשו אותם מתוך הטורח, כדי שיהא שכרם באותן מצות כפול ומכופל׳.

ולמה מנסה אותם, והלא גלוי וידוע לפניו יתברך אם יקבל אותו חסיד המנוסה עבודה וטורח זה? אף על פי כן, אין שכר האדם בכח אמונה שלו, כשכרו בפועל מעשה. ונמצא מזכה אותו להוציא דרכיו הטובים לפועל ולמעשה.

ולמה נקרא **ניסיון**, והלא הכל צפוי לפניו יתברך? ואף על פי כן רשות האדם בידו, אם ירצה יעשה ואם לא ירצה לא יעשה. נמצא אותו חסיד המצווה מנוסה על מצוה זו בוודאי, לפיכך נקרא **ניסיון** מצד העושה, ולא מצד המצווה יתברך שמו.

מידה זו, מידת הטוב היא, אינה מידת נקמה ופורענות, שהוא מנסה מי שהוא גלוי לפניו שימצא שלם באותו ניסיון, כדי להרבות לו שכר שאמרנו. ולפיכך נתנסה אברהם כדי שיקבל עבודה זו החמורה, ויהא שכרו קיים לעולם. שנאמר[35] - ויאמר בי נשבעתי נאם הוי״ה כי יען אשר עשית את הדבר הזה ולא חשכת את בנך את יחידך.

---

[35] בראשית כב, טז

ולפיכך נתנסו ישראל, כדי שיהיו מקבלין טורח הליכות המדברות, ופחד המקרים לשמו של הקדוש ברוך הוא ולתורתו, ויטלו שכר על הדבר. שנאמר - וזכרת[36] את כל הדרך אשר הוליכך הוי"ה אלהיך זה ארבעים שנה במדבר למען ענותך לנסותך לדעת את אשר בלבבך. ואומר - זכרתי[37] לך חסד נעוריך אהבת כלולותיך לכתך אחרי במדבר בארץ לא זרועה.

נמצא הניסיון הזה מידה טובה, שהאדם מקבל בו שכר, ושמו שלהקדוש ברוך הוא מתעלה בכך, להודיע עד היכן הגיע אהבתו ויראתו בלב עבדיו, והיאך נמשכו אחר מצוותיו ועושין רצונו כרצונם.

ואם תאמר: והלא חזקיהו נתנסה ולא עמד בניסיונו, שנאמר - וכן[38] במליצי שרי בבל המשלחים עליו לדרוש המופת אשר היה בארץ עזבו האלהים לנסותו לדעת כל בלבבו.

מעולם לא נסה הקדוש ברוך הוא לאותו צדיק, ולא בקש ממנו דבר, אלא הוא ברשות עצמו חטא. זהו שכתוב - **עזבו האלהים לנסותו**, לומר שלא עשה עמו נס, ולא סייעו באותו עניין, כמו שעשה עמו בסנחריב וברפואת חליו. ועזבו לעצמו

---

[36] דברים ח, ב
[37] ירמיהו ב, ב
[38] דברי הימים-ב לב, לא

מפני שחטא ברפואתו, כמו שכתוב - ולא[39] כגמול עליו השיב יחזקיה כי גבה לבו. לפיכך הניחו הקדוש ברוך הוא עכשיו לרשות עצמו וגובה לבבו ונכשל.

וזהו כעניין - בא[40] להיטמא פותחין לו בא ליטהר מסייעין אותו.

במידה הזאת נהג הקדוש ברוך הוא עם ישראל בכניסתן לארץ, הם חטאו ולא רצו להוריש יושבי הארץ. שנאמר - ואתם[41] ואתם לא תכרתו ברית ליושבי הארץ הזאת מזבחותיהם תתצון ולא שמעתם בקלי מה זאת עשיתם. וכתיב - גם[42] אני לא אוסיף להוריש איש מפניהם מן הגוים אשר עזב יהושע וימת. למען[43] נסות בם את ישראל השומרים הם את דרך הוי"ה ללכת בם. וכתיב - ויהיו[44] לנסות בם את ישראל לדעת הישמעו את מצות הוי"ה.

הם חטאו ולא הורישו אותם, וכרתו להם ברית, והוא לא רצה לעשות עמיהם נס להיות איש אחד מהם רודף אלף כאשר בתחילה, ונתנסו בדבר ונכשלו.

---

[39] דברי הימים-ב לב, כה

[40] יומא לח, ב

[41] שופטים ב, ב

[42] שופטים ב, כא

[43] שופטים ב, כב

[44] שופטים ג, ד

והניסיון הזה לא בחפצו של הקדוש ברוך הוא נעשה, אלא הוא עומד ומשלח להם להורישם, והם לא שמעו.

וכן זה שנאמר במן - הנני[45] ממטיר לכם לחם מן השמים ויצא העם ולקטו דבר יום ביומו למען אנסנו הילך בתורתי אם לא. אין הניסיון לישראל אלא מידת רחמים, שיהא מזונם יורד להם דבר יום ביומו, ויוצאין למדבר הגדול והנורא בלא מחיה, ובוטחים בהקדוש ברוך הוא ובנביאו. וזהו שכתוב - המאכילך[46] מן במדבר אשר לא ידעון אבותיך למען ענתך ולמען נסתך להיטבך באחריתך.

הא למדנו שאין הניסיון הזה להביא על האדם ייסורין שימות בהן, או שיהא כל ימיו בצער ובשת ובטל מלעבוד אלהים ומלעסוק בתורתו.

אלא טורח שסופו הנחה, ועמל שסופו שמחה ושלום. כל שכן שאין בניסיון ייסורים שיהא בהן מחיקת שם ואבדון העולם הזה.

לפיכך אין הניסיון בכלל ייסורין – לא ייסורין שלכפרה ולא ייסורין שלאהבה, אינו אלא מידת הטוב מרובה.

---

[45] שמות טז, ד
[46] דברים ח, טז

כְּדֶרֶךְ שֶׁיֵּשׁ בצדיקים דרכים הרבה לכפרה, כך יש ברשעים – יש שתולין לו להאבידו, כדי לייתן שכר מיעוט מעשים טובים שעשה, כמו שפירשנו. ויש שפוסקים לו חיים ושלוה לחסד אבותיו, כעניין שנאמר – בני[47] רבעים ישבו לך על כסא ישראל. ויש שמאריכין לו עד שישוב בתשובה, כדרך שעשה מנשה.

ומן הגאונים אומרים שהקדוש ברוך הוא פוסק שלווה לרשעים לנסות בהם אנשי הרשע והתרמית, שיהו מחזיקין ברשען ואומרים – הנה[48] אלה רשעים ושלוי עולם השיגו חיל. אך[49] שוא עבוד אלהים ומה בצע כי שמרנו משמרתו. וברוך יודע האמת.

וְאִם תִּשְׁאַל ותאמר – הרי שתקנו חכמים דברים הללו לפי קבלתם, ולפי הכרח פסוקי התורה והנביאים. אם כן, מהו זה שהנביאים צווחים על העניין הזה?

ומהו שתמה ירמיהו על הרשעים – צדיק[50] אתה הוי"ה כי אריב אליך אך משפטים אדבר אותך מדוע דרך רשעים צלחה שלו כל בגדי בגד.

---

[47] מלכים-ב י, ל
[48] תהלים עג, יב
[49] מלאכי ג, יד
[50] ירמיהו יב, א

וְאָמַר דוד - אַךְ[51] רִיק זִכִּיתִי לְבָבִי וָאֶרְחַץ בְּנִקָּיוֹן כַּפָּי.

וְתָמַהּ יְשַׁעְיָהוּ עַל הַצַּדִּיקִים - לָמָּה[52] תַּתְעֵנוּ הוי"ה מִדְּרָכֶיךָ תַּקְשִׁיחַ לִבֵּנוּ מִיִּרְאָתֶךָ שׁוּב לְמַעַן עֲבָדֶיךָ שִׁבְטֵי נַחֲלָתֶךָ.

וְאָמַר חֲבַקּוּק עַל שְׁנֵיהֶם - לָמָּה[53] תַרְאֵנִי אָוֶן וְעָמָל תַּבִּיט שֹׁד וְחָמָס לְנֶגְדִּי וַיְהִי רִיב וּמָדוֹן יִשָּׂא. וּכְתִיב - כִּי[54] רָשָׁע מַכְתִּיר אֶת הַצַּדִּיק עַל כֵּן יֵצֵא מִשְׁפָּט מְעֻקָּל.

וְנִתְוַכְּחוּ אִיּוֹב וַחֲבֵרָיו עַל זֶה הַרְבֵּה, וַחֲכָמֵינוּ זִכְרוֹנָם לִבְרָכָה אָמְרוּ - אֵנוּ[55] אֵין בְּיָדֵינוּ שַׁלְוַת רְשָׁעִים וְאַף לֹא מִיסּוּרִים שֶׁלַּצַּדִּיקִים.

דַּע, שֶׁיֵּשׁ מֵרַבּוֹתֵינוּ הַחֲלוּקִים בָּזוֹ הַמִּדָּה. יֵשׁ מֵהֶם מִי שֶׁאוֹמֵר - אֵין[56] מִיתָה בְּלֹא חֵטְא וְלֹא יִיסּוּרִין בְּלֹא עָוֹן. וְנִדְחוּ בִּדְבָרָיו בַּגְּמָרָא - **בְּאֵין מִיתָה בְּלֹא חֵטְא.** שֶׁיֵּשׁ מֵהֶן שָׁמְתוּ בַּעֶטְיוֹ שֶׁלַּנָּחָשׁ הַקַּדְמוֹנִי, וְהוּא חֶטְאוֹ שֶׁלָּאָדָם הָרִאשׁוֹן שֶׁנִּגְזְרָה מִיתָה עָלָיו וְעַל תּוֹלְדוֹתָיו בִּשְׁבִיל חֶטְאוֹ, כָּעִנְיָן שֶׁנֶּאֱמַר בְּעֵלִי וּבְבֵיתוֹ. אֲבָל בְּ**אֵין יִסּוּרִין בְּלֹא עָוֹן**, לֹא נִדְחוּ דְבָרָיו.

---

51 תהלים עג, יג
52 ישעיהו סג, יז
53 חבקוק א, ג
54 חבקוק א, ד
55 + אבות ד, טו
56 + שבת נה, א

ואם תאמר שנדחו בכל, אבל המיתה והייסורין באין על חטא שקדם לאב, כמו עטיו של נחש שהזכיר המקשה, אבל אין מיתה ויסורין חינם לעולם.

ואמרו בברכות - בקש[57] משה להודיעו דרכיו, ונתן לו, שנאמר - הודיעני[58] נא את דרכיך.

אמר לפניו ריבונו שלעולם, מפני מה יש:
צדיק וטוב לו,
צדיק ורע לו.
רשע וטוב לו,
רשע ורע לו?

אמר לו הקדוש ברוך הוא למשה:
צדיק וטוב לו, צדיק גמור.
צדיק ורע לו, צדיק שאינו גמור.
רשע וטוב לו, רשע שאינו גמור.
רשע ורע לו, רשע גמור.

וזה העניין על הדרך שפירשנו למעלה בפירעון קצת העוונות בעולם הזה לזכותן לגמרי, או להאבידו לעולם הבא.

---

[57] על פי ברכות ז, א
[58] שמות לג, יג

ולשון אחר אמרו - צדיק[59] וטוב לו, צדיק בן צדיק. צדיק ורע לו, צדיק בן רשע וכו'.

ואמר בגמרא, ופליגא דרבי מאיר דתנא משמיה דרבי מאיר, שלא נתנו לו למשה זה המידה, שנאמר - וחנותי[60] את אשר אחן ורחמתי את אשר ארחם. אף על פי שאינו הגון - **וריחמתי את אשר ארחם.** אף על פי שאינו הגון, כלומר - שאינו הגון לדעת בני אדם, לומר שלא נמסרה המידה הזו לדעתו שלאדם.

והנה כפי הסברה הראשונה, הכל בטעם ידוע ובטענה מושגת. וזה שאומרים הנביאים בדבר, ומה שצווחים על העניין, אינו אלא כדברי החולה שמצטער על חוליו ומפליג על חזקת החולי, וצועק על תוקף הצער והכאב, והיאך אירע לו כך, והיאך אפשר עניין צערו הגדול. כלומר, שהנביאים מתמיהין לפני הקדוש ברוך הוא ואומרים לפניו: ריבונו שלעולם, למה תתנהג בזו המידה ונבלה ימינו בבהלה, ואלה הרשעים שפשטו ידיהם בזבול קדשיך בשלום ובשלוה בעולם. ואף על פי שיודעין שהמידה אמת והמשפט צדק.

ובתשובת דבר זה אמר המשורר לאחר שהתאונן על העניין, ואמר - אנכי[61] כמעט נטיו רגלי כאין שפכה אשורי. כי[62] קנאתי

<hr>

[59] ברכות ז, א

[60] שמות לג, יט

[61] תהלים עג, ב

[62] תהלים עג, ג

בהוללים שלום רשעים אראה. וגמר העניין הזה בספיקת הרשע וטוב לו.

ועוד אמר בספיקת צדיק ורע לו - לכן[63] ישוב עמו הלום ומי מלא ימצו למו. אך[64] ריק זכיתי לבבי וארחץ בניקיון כפי. ואהי[65] נגוע כל היום.

וחזר ותירץ על הכל - ואחשבה;[66] לדעת זאת עמל הוא בעיני. עד[67] אבא אל מקדשי אל אבינה לאחריתם.

כלומר - ששתי ספיקות האלה, עמל גדול היה לו במחשבתו הראשונה, עד שבא במחשבה אל מקדשי האלהים, והוא מה שהקדיש לשתי כתות האלה שלצדיקים ורשעים, והזמין לשתיהן והבין לאחריתם.

ורמז שם עניין העולם הבא בפסוק - בעצתך[68] תנחני ואחר כבוד תיקחני. ועניין הכרתה ב - איך[69] היו לשמה כרגע ספו תמו מן בלהות. ושאר העניין.

---

[63] תהלים עג, י

[64] תהלים עג, יג

[65] תהלים עג, יד

[66] תהלים עג, טז

[67] תהלים עג, יז

[68] תהלים עג, כד

[69] תהלים עג, יט

וְיֵשׁ מֵרַבּוֹתֵינוּ אומרים, והוא דעת רבי מאיר בברייתא שהזכרנו, אף על פי שהמידות הללו כך הם כמו שסברנו, ומקצת בני אדם נידונים בהם, אבל עדיין יש צדיקים גמורים מתייסרין שלא בדרך המידות הללו, ורשעים גמורים שיושבים שאנן ושקט בעולם. ואלו הן תוכחותיו שלאיוב הצדיק, שבאו ייסורין עליו שלא על חטא כפי דעתו, וכפי מה שנאמר עליו בעניין השטן, שלא הוזכר עליו חטא כלל, אלא - החינם[70] ירא איוב אלהים. וגמר העניין.

ואם נאמר באיוב שום שום עלילה, או נחפש בעניינו שמץ דבר, מכל מקום הוא שואל על הצדיק הגמור מכל צד, שבאו עליו ייסורין ומת בהן ואבד שמו על לא חמס בכפיו, היאך יתכן זה בדרך הוי"ה.

ודבר זה אין לו תשובה לדעת הבריות, אלא לדעתו של אל דעות יתברך. כך אמרו חכמים - ברבי[71] עקיבה שהראה אותו הקדוש ברוך הוא למשה רבנו במראות הנבואה.

ואמר לפניו - ריבונו שלעולם, הראיתני תורתו, הראני שכרו. ראה שחותכים בשרו במקולין. אמר לפניו - ריבונו שלעולם, זו תורה וזו שכרה? אמר לו - שתוק על עצמך, כך עלה במחשבה לפני.

---

[70] איוב א, ט
[71] מנחות כט, ב

רצו חכמים לומר, שאין מיתתו שלרבי עקיבה בייסורים הללו
ראויה לנכות לו ממנו מיעוט מעשים רעים, לפי שהיה צדיק
גמור כל ימיו. אלא שהעניין נעלם, וכך עלה במחשבת בעל
המחשבות יתברך חפצו ורצונו.

אף על פי כן, עם העלמה הזאת, יש בטענה זו סוד נמסר לאנשי
התורה והקבלה, והוא נרמז ברמז חכמינו זיכרונם לברכה
ונכלל בעניין סוד העיבור, שהחכמים מוסרים אותו לתלמידיהם
הראויים, והוא תשובתו שלאליהוא על תוכחותיו שלאיוב.

ואתה יודע שהיה איוב צדיק בעיניו, והיו ייסוריו שלא על חטא
ועבירה לפי דעתו, עד שהיה קורא תגר עליהם, כמו שהזכרנו.

וכאשר אנחנו מסתכלים בספר הזה בכללו, אנחנו רואים
שמתחלה פתח דבריו - לומר שממשלת הכוכבים והמזלות
בימי הלידה ורגעי הריון גורמים הרעה לאדם והטוב. נוטים
דבריו לדעות הוברי שמים המהבילים. זהו שפתח - יאבד[72] יום
אולד בו. שהיה מקלל היום והלילה וכוכבי נשפו, כי הם
גורמים רעתו, וכן עניין כל המענה.

והנה תפשו אליפז בהיותו מסיר דעתו מן האדון העושה הכל
במשפט וצדק יתברך, ונותן הממשלה לכוכבים והמזלות, ענה

---

[72] איוב ג, ג

לו - זכר[73] נא מי הוא נקי אבד. רוצה לומר - אחרי שאין אנחנו רואין הנקיים אובדים, ונראה חורשי רע שקוצרין אותו, זאת ראיה כי מנשמת אלוה יאבדו האובדים, ולא מכח השעות והכוכבים. ואמר, אם נראה במקצת אנשים שאין המידה מתנהגת כן, כאשר אראה אויל משריש, ראיתי בליבי קללה באה על נוהו פתאום. והצדיק הבאה עליו ייסורין כמוך, מוסר אלהים הוא ואל תמאסהו.

ואמר - והאדם[74] לעמל יולד. אין אני מיחס על דבר אחר - רק[75] אדרוש אל **אל**, ואשים ההנהגה לאלהים, כי הוא לוכד חכמים, ויודע כי הצרות שהם מצרים בהם, לטובתם הן, או למוסר שיוכיח את האדם האלהים, ובסוף יצילנו כי הוא יכאיב ויחבש. וזאת תשובת אליפז לעניין מענה איוב הראשון.

אז נהפך איוב אל תלונה אחרת, והראה עצמו שהודה לדברי אליפז - כי[76] חצי שדי עמדי אשר חמתם שתה רוחי בעותי אלוה יערכוני. ושב בדרך הקללה הראשונה, לומר, אחרי שאין הייסורין האלו במקרה מזל, רק ברצון מכוון ועושה, מי ייתן שידכאהו האלהים וימיתהו, או ימתין עד ימלא צבאו, כי רוח חייו, כי מה כחו לייחל עד שיעבור המוסר הזה. ותמה - מה[77] אנוש כי יגדלהו שית אליו לבו.

---

73 איוב ד, ז
74 איוב ה, ז
75 איוב ה, ח
76 איוב ו, ד
77 איוב ז, יז

וזה המאמר יורה, כי איוב היה חושב מתחלה כי מצד גריעות האדם אצל הבורא, ישים אותו תחת ממשלות המקרים כפי מערכת המזלות ומשטרי הארצות. יאמין באדם, כמו שנאמין אנחנו בנמלים או בשרצי הארץ והבהמות, כי אין השגחה עליונה רק לקיים המין, אבל ליחיד מהם אין עמו עונש ושכר. ולא נאמר בהם שחטאו כשישחטו, ולא זכו כשהאריכו ימים והיו מזונותם מצויים להם.

כזאת הייתה סברתו תחלה, כפי עניין מענהו הראשון, וכן אמר לו אליפז עצמו - **ואמרת**[78] מה ידע אל הבעד ערפל ישפוט. **עבים**[79] סתר לו ולא יראה וחוג שמים יתהלך. זה הסרת ההשגחה מן הנבראים השפלים - **וחוג שמים יתהלך**, השגחתו לקיום המין בכלל השמים וצבעיו - **האורח**[80] עולם תשמור. הוא הגלגל החוזר, והוא דרכו שלעולם במזלות הכוכבים. והוא עצמו, איוב, מתנצל מזה, כי לא הייתה זאת הסברה הרעה עמו בשלותו, כמו שאמר - **אם**[81] אראה אור כי יהל ויירח יקר הלך. **ויפת**[82] בסתר לבי. כי ממנו רב חילי, וכביר מצאה ידי - **כי**[83] זה עון פלילי כי כחשתי לאל ממעל. הנותן הכל, ואיננו מכוחות

---

[78] איוב כב, יג
[79] איוב כב, יד
[80] איוב כב, טו
[81] איוב לא, כו
[82] איוב לא, כז
[83] איוב לא, כח

כוכב אור והירח, רק עתה, בבא אליו הצרות, הרהר בליבו זה מפני שבאו עליו על לא חמס בכפיו.

ואחרי שהרחיקו אליפז מזאת הסברה הרעה, אמר, ולמה יבואו עלי ייסורין הגדולים מאת האלהים, אין זה דרך מוסר כי אין כח בי לסבלם, ואיך יגדל האדם בעיניו לבחון אותו לבקרים. ואם חטאתי, מה יזיק לך, שאתה נוצר האדם.

ועד הנה לא דבר איוב בצדקו, ולא נשתבח במעשיו הטובים, רק בשלוש הטענות האלה יתווכח:

יטעון: אם מוסר הוא מה כחו לסבול המוסר הזה.

ויטעון עוד: כי האדם וחייו הבל, ודיו במיתה המעוותת לו, כי כאשר יזכה לא ינצל ממנה, כן אם חטא לא היה ראוי לצער אחר, כי מעיקר בריאתו להבל דמה.

ויטעון עוד: איכה יגדל בעיני האלהים לפקוד עליו פשע וחטאת, והוא ופשעו אין בעיני אלהים. וזהו עניין תלונתו במענה הזה, כפי שיראו הפסוקים בביאור.

אחרי זה בא בלדד השוחי לסייע על קצת דברי אליפז חברו, ובאר דבריו חזקים ממנו. אמר, כי הרעות הבאות על איוב ועל בניו, כולם בדין ומשפט על עוונות ופשעים שעשו, כי האל יתברך לא יעוות משפט וצדק. ועשה הבנים רשעים גמורים

בחטאים שעונשם בעולם הזה, מפני שנכרתו ומתו. והוא שאמר - אם[84] בניך חטאו לו וישלחם ביד פשעם.

אבל איוב נהג עניין אחר, שבאו ייסוריו למרק קצת חטאיו - ואם[85] ישחר אל אל ושלם נות צדקו. והוא מי שהרשיע איוב תחילה.

ואז נתעורר איוב לצדק עצמו, ושב אל טענותיו הראשונות, וחזק דבריו, ובאר אותם, כי הבורא יתברך לרוב מעלתו לא ישגיח בפרטים. ואפילו יענהו, לא יאמין איוב כי יאזין קולו, אשר בבוא השערה, בנוהג שבעולם על הכל ישופהו האל יתברך, וירבה פצעיו עם הכלל בחינם, ולא על חטאו. ואמר - תם אני. ולא חטאתי מיום שנבראתי, רק - לא[86] אדע נפשי. אם מצד בריאתה יבאו עליה המקרים, על כן אמאס חיי, וארצה שתשוב נפשי להיותה הראשונה. וייתן ראיה על הסרת ההשגחה, כי המידה הנוהגת בכל אחת היא, כי - תם[87] ורשע הוא יכלה.

ואם תאמר שיעשה בהשגחה, ויהיה בחפץ וברצון, ושוט הוא שהוה בעולם להמית פתאום ולהלעיג בהשגחה על מסת נקיים, אם כן ארץ נתנה ביד רשע, מכח מעוול וחוטא. ואם אינו כן,

---

[84] איוב ח, ד
[85] איוב ח, ו
[86] איוב ט, כא
[87] איוב ט, כב

אמור מי הוא המכלה הכל והמשחית אותי, כי ימי קלו מני רץ?
וזאת טענה אחרת.

ויתאווה איוב עוד להיות בינו ובין האל מוכיח, שיאמר - לו
שיודיעהו על מה יריבהו, הטוב כי יעשוק אדם בלא חטא?
ואפילו חטא, היאך ימאס יגיע כפיו ויסתכל על עצת רשעים
שעושין בסתר. ואם יאמר האל כי לנסותו יעשה, לראות אם
יסבול המקרים או אם יבעט - וזה מעניין המוסר שאמר לו
אליפז מתחילה, עניין - העיני[88] בשר לך. כי ביקש עוון, שגלוי
לפניו שלא ירשיע. גם יודע כי אין מידו מציל, ואין צריך לנסות
כחו וגבורתו עמו. וזו תלונה שנית.

ואמר - אם[89] רשעתי אללי לי וצדקתי לא אשא ראשי שבע
קלון וראה עניי. ישוב אל טענה שהזכיר כבר, כי כאשר לא
יישא ראשו אם צדק, כי סופו למות ולילך אל ארץ חושך
וצלמות, כן אם רשע לא היה לו לקבל ייסורין.

ועתה בא צופר הנעמתי - מסייע עוד אל דברי חבריו, ואמר -
כי[90] יש חכמה נעלמה במעשי האלהים כי כפלים לתושייה. כי
כל היש ההווה בעולם כפול, ובו חכמה נראית וחכמה נעלמת.
אך ידע איוב באמת, כי ישה אליו האלהים מעוונותיו ויגרע
מהן, ולא יוסיף ויכפול עליהם. ואם יחליף האל, וירבה

---

[88] איוב י, ד
[89] איוב י, טו
[90] איוב יא, ו

האנשים הנקראים - **בני חלוף**, ויסגיר הארץ בידם ויקהיל אותם, מי ישיבנו בזה אם רשעים הם?

כי הוא יודע אנשי השוא, ורואה האון שלהם, ואינו מתבונן למעשיהם, כי הוא מוחל להם. וכשהוא מטיב לרשעים ויסבול להם, כל שכן שלא יגמול רע לטובים. אלא, אם יבין איוב לבו, יהא סופו שלוה. כי שלוות הרשעים סופה תקלה ומפח נפש.

והנה תירץ צופר הקושיות הגדולות והמפרסמות שבזה העניין מן הרשעים וטוב להם. כי הקושיה בצדיק ורע לו אינה נראית בעולם, שכל הנספה נאמר בו חייב היה בזאת, כאשר יאמרו באיוב.

ונתן שלוות הרשעים, שהייתה קושיה, טענה וראיה על חמלת הבורא יתברך בברואיו, וכי איננו מואס יגיע כפיו, ולא יסתכל לגמרי על עצת הרשעים. וכל שכן שלא ירע לטובים, רק ישה להם מעוונותיהם ויגמול להם בפחות מחטאיהם.

והנה דברו שלושת החברים האלה, וגלו דעתם בעניין זה, ושאר הטענות כפל וחיזוק לטענות האלה. והנה החברים יפליגו בכל מעניהם שאחרי זה באבדן הרשעים ובהכרת זרעם, מפני שהיא הקושיה המתפרסמת עליהם, ויאריכו בזה.

ואיוב ירבה להצדיק **את** עצמו, ויטעון כי יש רשעים מתים בשלווה, ומה חפצם בביתם ובזרעם אחריהם, ואלה חיזוקים

לטענות הנזכרות במענים הראשונים, ואין לנו צורך לפרטם לכל פירוש הספר הזה.

והנה אליהוא - חרה[91] אפו על אשר לא מצאו מענה וירשיעו את איוב. והיה בעיניו טועה גמור, דכתיב - באיוב[92] חרה אפו על צדקו נפשו מאלהים. וכן אמר - איוב[93] לא בדעת ידבר ודבריו לא בהשכל. וכן חרה אפו על חבריו שהיו מצדיקים משפט האלהים ברשעו שלאיוב, שנאמר - ובשלשת[94] רעיו חרה אפו על אשר לא מצאו מענה וירשיעו את איוב. וכן אמר - אני[95] אשיבך מלין ואת רעיך עמך. כלל אותם בטעות ובשגגה.

וזה תימה גדולה במה תקן אליהוא השאילה הזאת, שהוא צדיק ורע לו או רשע וטוב לו, חוץ משתי דעות הללו, שאין אצלנו מידה שלישית שתכריע במחלוקת הזו בשום פנים - שיבואו על החטא - קל וחמור - כלומר, זדון או שגגה, כדברי חברי איוב. ואם אינו כן, שלא כדין באין, כדעת אפיקורסים שהיה איוב נוטה אליו מתוך צערו, וכפי הטענה שהזכרנו בסברתו.

ואם נאמר שיש ייסורין חוץ מן הסברות האלה, והם כדי להרבות לו שכר ביותר וזכות לעולם הבא, כדברי המתחסדים באמונה הזאת, כבר באו בטענת חברי איוב מן הטעמים ההם

---

[91] איוב לב, ג
[92] איוב לב, ב
[93] איוב לד, לה
[94] איוב לב, ג
[95] איוב לה, ד

שסבל עונשו יוסיף לו זכות, כמו שהזכרנו - כי[96] עתה יעיר עליך ושלם נות צדקך. ושאר העניין.

ואם תאמר - זו היתה טענה משובשת, לפי שהזכיר הגמול והסוף בעולם הזה, ויש צדיקים שמגיע אליהם רעה גמורה מבלי תקוה ואחרית בעולם הזה, וילכו בלא חמדה, אבל היה להם להזכיר גמול העולם הבא. הנה לא ראינו אליהוא שהזכיר בעולם הבא דבר אצל איוב. וחבריו רמזו בו יותר ממנו, כמו שאמר איוב - אך[97] שתים אל תעש עמדי אז מפניך לא אסתר. הזכיר המיתה באמרו - כי[98] עתה אחריש ואגוע. ואמר שלא יעשה עמו שתים - שיהא נדון בעולם הזה, וייסתר ממנו אז במיתה והוא הקבלת פני השכינה בגן עדן הנפשות. וכן - אש[99] לא נפח. ארץ[100] עפתה כמו אפל צלמות ולא סדרים ותפע כמו אפל. וכיוצא בזה, כולם הם רמזים לגיהינום ודינים לדעת רבותינו זיכרונם לברכה בכל ההגדות. וכך הזכיר בהם התרגום.

ועוד, כי זה איננו מתשובת הקושייה ההיא שהיה איוב אומר, כי הוא היה צדיק גמור בעיניו בלא מכשול ועוון, ולמה ימות בנפש מרה, ולא יאכל בטוב בזה ובבא, ויזכה לשתי השולחנות, וכבר זכו להם רבים במלכי ישראל החסידים! וכן

---

[96] איוב ח, ו
[97] איוב יג, כ
[98] איוב יג, יט
[99] איוב כ, כו
[100] איוב י, כב

הדין נותן, כי מדוע ירע אלהים לאוהביו על לא חמס בכפיהם - לכן[101] אנשי לבב שמעו לי חלילה לאל מרשע ושדי מעול. והנה אליהו יאמר - כי[102] פועל אדם ישלם לו וכאורח איש ימציאנו.

ועתה יחזור המחלוקת ביניהם לדברי איוב שהיה צדיק גמור בעיניו. ותראה איוב מיד ששמע דברי אליהוא, בתשובה ההיא, שעניינה מורה שהיא עניין חדש, ואינו דומה למענה חבריו, וכמו שאמר - ולא[103] ערך אליו מלין ובאמריכם לא אשיבנו. לא פתח פיו לענות. והנה זה יורה שקבל דבריו, והיו הטענות ההם מספיקות לשאלותיו עד שקבל עליו מהן השתיקה. וכן אמר לו - אם[104] יש מלין השיבני דבר כי חפצתי צדקך.

וכבר באו דברי אליהוא סתומים מדברי חבריו כולם, ועניין פרושם סתום מאד, ומי שלא יפתח את דעתו וישיא את סברתו, לא ימצא בהם ולא בכל מה שנתפרש מהן ביד מפרשי המקרא דבר ראוי, או טענה הגונה מחודשת מדברי החברים ההם, אבל הוא מסודות התורה שנעלמו, לבד מן הזוכים להם לקבלה, והפירוש בהן אסור בכתב, והרמז אובד תועלת.
והנה נתחייב חבריו שלאיוב, אף על פי שהם מצדיקים מעשה האלהים, בהיותם מזכים אותם בזה הדרך. שנאמר - ויאמר[105]

---

101 איוב לד, י

102 איוב לד, יא

103 איוב לב, יד

104 איוב לג, לב

105 איוב מב, ז

הוי"ה אל אליפז התימני חרה אפי בך ובשני רעיך כי לא דברתם אלי נכונה כעבדי איוב. ולא היה אליהוא בכלל העונש הזה. והנה לפי הנראה, לא היה עונש וחטא על חבריו, ואפילו אם לא ירדו לעומק הדין.

אבל טעם החטא כטעם עונשי השגגות שמתכפרין בקרבן, ולכן צווה להקריב עליהם עולות. כי מפני שהיו שלשת החברים טועים בלי ספק אצלם שאין ייסורין בלא עוון בשום פנים, ושאיוב היה רשע, היו נותנין דרך לאיוב, שהוא יודע צדק עצמו, שיהיו מעשי האלהים בעיניו בלא משפט. והיה להם לומר כי מעשה האלהים נעלם מדעתם, אחרי שלא השיגו לעניין הקבלה מפי הנביאים כמו שזכה אליהוא.

או יהיה החטא הזה, מפני ששבתו מענות את איוב, והאמינו וקבלו סברתו הראשונה הרעה, והאל יודע מצפון לבם, ונענשו עליו. כי איוב חזר בו, ועשה תשובה, והם לא נזדרזו להתוודות על חטאם, כמו שאמר הוא - לשמע[106] אזן שמעתיך. והייתי טועה בידיעתך, ועתה כיון שראתה עיני כבודך, והשגתי ממך השגה אמיתית - על[107] כן אמאס ונחמתי על עפר ואפר. והם, שלא אמרו כן, הוצרכו לכפרה. וזה עניין הכתוב אומר - לבלתי[108] עשות עמכם נבלה. מפני שהם מזכים מעשה האלהים, ואם יבוא עליהם ממנו קצף, יראה כדבר שאינו הגון.

---

[106] איוב מב, ה
[107] איוב מב, ו
[108] איוב מב, ח

וכן מראה עניין רוב מוסרי הקדוש ברוך הוא אל איוב, לעלות מעשיו הנפלאים ולהודיעו מיעוט דעתו שלאיוב ביסוד הנבראים: שלא ידע יסודות הארץ והשמים והבהמות והים ובריותיו, והכלל - מעשה בראשית. ורצונו לומר, כי מי שלא ידע בכל אלה, עם ראותו בהם ההשגחה וטוב הסדר וההנהגה, אף על פי שהם בלא זכות ובלא חובה, למה לא יחשוב בכלל שמשפטי האלהים בבני אדם נעלמים, וסודם ביצירת הנפש והגוף סתום וחתום?!

ולמה לא ייתן צדק לפעלו מן הסתם, אחרי ראותו חמלתו והשגחתו הטובה בשאר הבריות השפלות?! ומדוע יבוא אחרי המלך את אשר כבר עשוהו?!

ונכלל עם זה לאיוב הודעה אחרת כנגד האפיקורוס, שבא לדבריו לומר שמחמת פחיתות האדם אצל בוראו אינו משגיח עליו לטוב או לרע. כי עתה יפרש לו הקדוש ברוך הוא טוב השגחתו בכל אחת מן הבריות - מבני אדם עד קטני בריות ארץ והים, והנהגתו בכולם בהשוייה ובטוב הצריך להנהגה. וזה עניין מענה האלהים יתברך שמו. עם מה שנרמז בדברי המענה, הטעם שחדש אליהוא בצדיק ורע לו בקצת הפסוקים יודעי קבלה.

ועל זה נתחרט איוב, ושב בתשובה לבוראו, כי כבר ידע מדברי **אליהוא** כי הטענה ההיא שאמר לו, היא טענה הגונה ומקובלת,

והיא סוף השגת האדם בידיעה הזאת, ואין אחריה קושיה בדעתו שלאדם. ונתברר לו בידיעה שלמה מעניין נבואתו במענה האלהים יתברך, כי כל מעשיו בסדר ובהשגחה, ושיש עוד בהם טעמים סתומים וחתומים, אין מחשבה משגת אותם, זולתי המחשבה שקדמה לבריאתו שלעולם.

יתברך שמו וחפצו, ויתעלה לנצח.

וסוף דבר, ראוי להאמין בזה לכל בעל מקרה ופגע, כי מקרהו וצרתו על עוונו ופשעו. וישוב על הנודע מהם בתשובה, ועל לא הודע שלו, שאינו זכור בהם, יתודה מן הנשאר בסתר. ואם יהיה צדיק אובד בצדקו, יהיה מייחס זה תחילה אל מיעוט עבירות שעשה. וכן יחשוב הרשע השלו, יהיה תולה שלוותו במיעוט הצדקה ומעשה הטוב שעשה.

ואחרי כן, אם יעבור דעתו למי שיראנו אובד והוא צדיק גמור, רב הזכיות נקי החטא ובר הלבב, וזו אינה קושיה בדעתו שלאדם. רק למי שיודע עצמו שהוא צדיק ואין פשע לו ועוון מספיק לרעה המוצאת אותו. ואפשר שיישא פנים לעצמו, וישיא נפשו בצדקו.

אבל זה הספק, אף על פי שהוא מועט, עם הספק האחר שהוא רב ממנו, שיראה הרשע הגמור המוחלט מצליח בכל ענין ההצלחות, יהיה חושב מיחס תלאות הצדיק בעיניו, או שלוות הרשע הזה בסוד הנזכר, הנכלל בשם סוד העיבור, אם זכהו

האלהים אליו לדעתו מפי הקבלה הנאמנה, לאחר שישמר בו
מאוד מן המכשול והטעות, כי לא רבים יחכמו. ואם לא שמע
אותו, יהא תולה העניין בו על דעת יודעו.

ועם כל זה יחשוב, בין היודע בין שאינו יודע, שיש אחרי כל
זה צדק גמור, וטוב טעם ודעת במשפטי האלהים מן הצד
הנעלם, והכל בצדק במשפט בחסד וברחמים.

ואם תשאל: כיוון שיש עניין נעלם במשפט, ונצטרך להאמין
בצדקו מצד שופט האמת יתברך, למה תטריח אותנו ללמוד
הטענות שפירשנו והסוד שרמזנו, ולא נשליך הכל על הסמך
שנעשה בסוף, שאין לפניו לא עולה ולא שכחה אלא כל דבריו
משפט?

זה טענת הכסילים מיאוסי החכמה. כי יועיל לעצמנו בלמוד
שהזכרנו, להיותנו חכמים ויודעי האלהים יתברך ומדרך
מעשיו. ועוד נהיה מאמינים ובוטחים באמונתו, בנודע ובנעלם
יותר מזולתנו, כי נלמוד סתום מן המפורש, לידע יושר הדין
וצדק המשפט. וכן חובת כל הנברא עובד מאהבה ומיראה,
לתור בדעתו לצדק המשפט ולאמת הדין כפי מה שידו משגת,
והם הדרכים שפירשנו מדרכי חכמים זיכרונם לברכה, כדי
שתתיישב דעתו עליו בעניין, ויתאמת אליו דין בוראו כמצדיק
מה שישיג ויכיר הדין במה שהוא נעלם ממנו.

וכל שכן שטענת הסוד הנזכר לא תשאיר בדעת האדם קושיא, ולא תמצא עמו טענה מסופקת בשום פנים. ואם ירצה לשים סוף מחשבתו בכאן, הוא רשאי, מפני שאין הטענות מספיקות לכל הנהגת הברואים.

ועל עניין זה הזכיר ואמר אליהוא - אשא[109] דעי למרחוק ולפועלי אתן צדק. רוצה לומר - שיישא דעו עד סוף השגת הדעת, לשאת טעם וטענה על משפטי האלהים. ואחרי כל זאת ייתן צדק לפועלו. כי רק הטעם המושג בדעות, יוכיח על הרחוק והנעלם שצדק עמו והיושר במפעליו.

ואני מזהיר עוד למי שירצה להיות ממי שנאמר בו - וצדיק[110] באמונתו יחיה. ואינו חפץ להימנות עם הנאמר בהם - בנים[111] לא אמון בם. שלא ישתדל בחקירה הזאת מפי הספרים ורוב המדברים בעניין הזה, ויבין וידע כי אין הספק הזה רב מאוד בענייני בני האדם ואינו צריך ברוב העניינים המתקשים בתחילת העיון.

וכבר בטל הרבה מן המחקר הזה הרב הגדול זכר צדיק לברכה בטענותיו בפרק שנים עשר מספר מורה הנבוכים, אמר זכרונו לברכה - כי יעלה על לב בני ההמון כי רעות העולם יותר מן הטובות, וכשתעריך מנוחת האדם ותענוגיו בזמן מנוחתו, אל

---

[109] איוב לו, ג
[110] חבקוק ב, ד
[111] דברים לב, כ

הדאגות והמכאובים הקשים [והפגעים והחלים והמכשלות, יראה להם כי מציאות האדם לרעתו. והוא זכרונו לברכה אמר כי רוב הרעות] הבאות באישי בני אדם, באות מחסרון דעתם. ומסכלותנו נזעק ונושע, ומן הרעות אשר נסבב לנפשותינו ברצוננו, נדאג ונכאב. כמו שאמר שלמה - אולת[112] אדם תסלף דרכו ועל הוי"ה יזעף לבו.

והאריך בזה, ופירש כי רוב הרעות ההוות בבני אדם הם מנזקי אדם באדם, כגון הקטטות והמלחמות. או מנזקי אדם לנפשו כרוב התאווה למאכל ולתשמיש וכיוצא בזה. ואין ראוי לנכנס במלחמה, ויורהו בחיצים, לזעוק רק על נפשו. ולאוכל מאכלים רעים ונעשה מצורע, או המרבה בתשמיש ונעשה עיוור, לשווע רק על סכלותו.

וכן תראה מהם, כי הנכנס בסכנת המדברות והימים כדי להתעשר ביותר על שכניו, ולהפרות ברצי הכסף והזהב, וימצאוהו תלאות, ילך וישווע וילונן על הזמן, ויתמה מרוע מזלו. והקדוש ברוך הוא לא יחדש מופת ונס בעולם, לעזור המשוגעים על פחיתות מידותיהם.

ועוד תשוב תראה בהם כי מי שאסף מן הממון די ספקו, רואה עצמו פחות וגרוע מזל ממי שאסף הפנינים בתוך גנזיו, ויתלונן על מזלו. וגם זה מפחיתות המידות. כי המשיג אלו התוספות

---

[112] משלי יט, ג

לא השיג דבר נוסף בעצמו וכוחו, אבל השיג הבלים או תעתועים או כשלון לעצמו. והחסר מאלה התוספות אינו חסר כלום. לא העדיף המרבה והממעיט לא החסיר, איש לפי אכלו לקטו. ואלה הם רבים בכל זמן ובכל מקום.

ובאמת כי הרב זכרונו לברכה הנה יסר רבים וברכים כושלות אמץ. עם מה שביאר עוד שם, כי הטובות הצריכות בעולם מרובות מאד, ונמצאות הרבה בכל מקום, כגון המחיה במים ובמזון הצריך. ולא חסר העולם מן הצריך, ואין חסרונו אלא בתוספות ובעודף על צרכי בני אדם, כגון המרגליות והפנינים, שאינן נמצאות אלא בקצת הארצות, מפני מיעוט צורך בני אדם להם.

וכל זה ראוי להעלות על לב משכיל, כדי להבין תיקון סדר הבורא יתברך בעולמו וטובת ההנהגה בברואיו. וכן ראוי להבין זה כל אדם שראוי לקבל תוכחות.

אבל עניין השאילה בצדיק ורע לו עדיין במקומה עומדת, כי אנחנו לא נראה העולם בכללו, ולא נחקור עליו בשלמותו, אבל נשאל בו בפרט על האיש הזה אם ראוי למקרה הזה שבא עליו. שהקדוש ברוך הוא נותן לכל גויה וגויה הראוי לה, ונראה כמה צדיקים נהרגים על ספריהם, או כשהן יושבין בתענית ומתפללין בתכלית הכונה. ויש שנבראים בתחילת הבריאה חסרי האברים, ויש מתים קודם עשרים שנה, ומשעה שעמדו על דעתם היו צדיקים עוסקים בתורה ובמצות, ויש להם זכיות

ס

ואין עמהם עונש שמים, כמו שאמרו רבותינו זיכרונם לברכה - שאין[113] בית דין של מעלה עונשים עד אותו הפרק. וכעניין איוב הצדיק שאירעו לו המקרים ההם, וכשאילת[114] מעשה דרבי עקיבה בתורתו ובמיתתו.

וכל שכן שאילת רשע וטוב לו, שהוא מצוי יותר בעולם.

ועניין השאילה הזאת לא תקטן בהיות נכשילה מועטים, ולא תגדל בהיותם רבים, כי לא לאדם שיחנו, שנזכה מעשיו בהיות רובם טובים ולא שגה וטעה בדבר אלא במיעוט. ואין טענותינו אלא על הצור תמים פעלו, כי כל דרכיו משפט, אין בהם נפתל ועיקש.

ויראה מדברי הרב זכרונו לברכה, שלא הוקשה בעיניו דבר ברשע וטוב לו, כי הוא מחסד הבורא יתברך שמו. אבל עיקר הספק בצדיק ורע לו. והנה ביאר בכלל שהעולם במציאותו חסד יבנה, ומקריו ופגעיו מעצמם. ועל הצדיק האובד יגזור, שהמיתה בחטא, וייסורים בעוון, והוא אמת, עם מה שהוסיפנו לכתוב ולרמוז למעלה.

וברוך היודע דין אמת ושופט אמת והצדק.

---

[113] ירושלמי בכורים ב, א
[114] מנחות כט, ב

העונש והגיהינם

כיון שנתפרש מדברי רבותינו זיכרונם לברכה, שסוף העונש גיהינום, וסוף השכר העולם הבא, צריכין אנו לפרש מדבריהם זיכרונם לברכה מהו הדין הזה שנקרא **גיהינום**, ומה הדבר שנדון בו, ואימתי ידון בו.

ואם תאמר שהעונש מגיע לגופו שלאדם במיתתו. והלא גופו שלאדם כשמת, אבן דומם הוא - אם תשרוף עצמותיו לסיד, או תמשח אותם באפרסמון ומיני הבשמים המקיימין אותו אין הפרש לאבן הזו בכך, ומקרה אחד לצדיק ולרשע בגופן לאחר המות. והיאך יהיה זה הגוף בגיהינום, וזה בטובת העולם הבא, והרי הם קבורים לפניך בקבר אחד, או גנוזים בביתך בתוך ארון אחד.

הרי שאין עונש אלא לנפש. ומהו העונש המשיג אותה, והרי הנפש אינה גוף וגויה, ואינה נתפשת במקום, ואין מחיצה לפניה?

ומה הוא המקום הזה שנקרא **גיהינום** ונדוניית שם, אין המקום תופש ואין האש שורף אלא בעלי גוף והדברים הממשיים? אין לך בעונש הזה אלא שתאבד הנפש ותכרת.

ודבר זה אינו כפי התורה ולא כפי דעתם שלרבותינו זיכרונם
לברכה, אלא דעות נוכריות הם מדברי המתחכמים באומות
העולם, שהרי לדבריו אין עונשו שלאדם אלא כרת, והתורה
אינה מחייבת כרת לכל אדם, ונמצא פוטר בטענה הזו שאר
החוטאים מן הדין והעונש.

ועוד לדעת זו עשית עובר על כרת אחת, והאפיקורוס הכופר
בעיקר ושופך דמים כל ימיו, שווין בדיניהם, שהרי שניהם
אבודים ואין עמהם צער וייסורים אחר המיתה.

וכבר מפורש בקבלה שהיו בכופרים דעות הללו, מהן שכופר
בעונש ושכר שלאחר מיתה כעניין שנאמר ביצר הרע - כי[1] אין
מעשה וחשבון ודעת וחכמה בשאול אשר אתה הולך שמה.
ומהם שלא היה עונשן חמור עליהם, שלא היו מודים אלא
באבדן הנפש, והיו אומרים נוח לו לאדם שיאבד והיה כלא
היה.

ומדברי חכמים אין צריך להביא ראיה, לפי שכל התלמוד
ומדרשי רבותינו מפורשים הם בענייני גיהינום והעונש ההוא.

כך שנו במנחות - ואף[2] הסיתך מפי צר רחב לא מוצק תחתיה.
מגיהינום שפיה צר, שיהא עשנה צבור בתוכה. ושמא תאמר,

---

[1] קהלת ט, י
[2] במנחות צט, ב

כשם שפיה צר כך כולה צרה, תלמוד לומר - העמיק, הרחיב. שמא תאמר - אין בה עצים, תלמוד לומר - מדורתה[3] אש ועצים הרבה.

והם מדדו לגיהינום אורך ורוחב, אמרו בתענית - עולם[4] אחד מששים בגן, וגן אחד מששים בעדן, ועדן אחד מששים לגיהינום, נמצא כל העולם ככסוי קדרה לגיהינום. ועוד סיימו לו פתחים. אמרו בעירובין - שלשה[5] פתחים יש לו לגיהינום –

אחד במדבר, דכתיב - וירדו[6] הם וכל אשר להם חיים שאולה. ולגיהינום ירדו.

אחד בים, כתיב – מבטן[7] שאול שועתי. החזיר אותו הדג על מעמקי מצולות ופתח גיהינום.

ואחד בירושלים, שנאמר - נאם[8] הוי"ה אשר אור לו בציון ותנור לו בירושלים.

ואמר רבן יוחנן בן זכאי, שתי תימורות יש **בגי בן הנם** ועולה עשן מביניהם, וזו פתחה שלגיהינום.

ואמרו לעניין איסור הטמנה בחמי טבריה - תולדות[9] אור נינהו,

---

[3] ישעיהו ל, לג
[4] תענית י, א
[5] עירובין יט, א
[6] במדבר טז, לג
[7] יונה ב, ג
[8] ישעיהו לא, ט
[9] שבת לט, א

דחלפא אפתחא דגיהינום.

ועוד אמרו - שמע[10] מינה האי שמשא סומקתי היא, דקא חזינן לה דסמקא בצפרא ובפניא. והאי דחזינן לה דחורא בפלגא דיומא, אנן הוא דלא בריא נהורין למחזייה. ואותיבו עלה ופריקו, ואיתמר התם ולמאי דמותבינן מעיקרא הא קא חזינן ליה דסמקא בצפרא ובפניא, בצפרא קא חלפא אפתחא דגן עדן, בפניא קא חלפא אפתחא דגיהינום.

ובפרקי רבי אליעזר אמרו - בשני[11] ברא הקדוש ברוך הוא את הרקיע והמלאכים, ואשו שלבשר ודם, ואשו שלגיהינום. ופירשו שם, שהרקיע הזה הוא הרקיע שעל ראשי החיות, שנאמר - ודמות[12] על ראשי החיות רקיע.

ואמרו שם - רבי[13] יהושע אומר עובייה שלארץ מהלך ששים שנה, ותהום אחד שהוא אצל גיהינום נובע ומוציא חמים תענוג לבני אדם.

ושנו בברייתא - דארכו[14] של עולם במקום הזה, שבעה מקומות זה למטה מזה, והן גיהינום, ושערי צלמות, שערי מות, טיט היון, בור שחת, שאול ואבדון ולמטה מכולן ארקא. ומלאכי

---

[10] בבא בתרא פד, א
[11] פרקי רבי אליעזר, פרק ד
[12] יחזקאל א, כב
[13] פרקי רבי אליעזר, פרק ה
[14] מכתב רבי יוחנן בן זכאי מירושלם

חבלה מעמידין רשעים בארקא תחת נהר דינור שהוא יוצא תחת כסא הכבוד, שנאמר - הנה[15] סערת הוי"ה חמה יצאה וסער מתחולל על ראש רשעים יחול. והיורד לארקא משם שוב אינו עולה, והם נדונין לדורי דורות.

ושם שנינו - רשעים שבהם מלאכי חבלה ממונין עליהם, מדור העליון שאול תחתית עמקו מהלך שלוש מאות שנה, וכל מדור ומדור כמו כן. האש שלשאול תחתית חזק על אחד מששים שלאבדון שלמעלה הימנו, וכן כל מדור ומדור שלמעלה ממנו כמו כן.

זהו העניין השנוי בברייתא, וההחזירו העניין במדרש תלים ואמרו, כל כת וכת משבע כתות יש לו מדור בפני עצמו בגן עדן, וכנגדן שבעה בתי דירות לגיהינום. ואלו הן כו', הרי שבעה בתי דירות לרשעים, ושבעה לצדיקים, לכל אחד ואחד לפי מעשיו בתי דירתו.

ובאגדה אמרו - אמר[16] רבי יהושע בן לוי, כד משחנא ביתא קמא דבמדור גיהינום, אשכחית בה מאה מילין באורכא וחמשין מילין בפותיא, ותמן גובין גובין, ואריון דנור קימין תמן. וכד נפלין תמן בני אנשא, אכלין יתהון אריותא. ובתר דתיכלינון אישתא קימין מרישא, ורמו יתהון בנורא דכל ביתא

---

[15] ירמיהו כג, יט
[16] אגדת רבי יהושע בן לוי

דמדור קמא. ומשחנא ביתא תנינא דבמדור תנינא, ואשכחת ביה כקדמאה. ושאלית בגין ביתא קמא, ואמרין - בביתא קמא אית ביה עשר אומין ועמהון אבשלום. ואומרים אומה לאומה, אם אנחנא סרחנא דלא קבילנא אורייתא, אתון מה חבתון? - אנן כותבינן חבנא. ואמרין לאבשלום: אם את לא קבילת, אבהתך קבילו, למה לקית כדין? אמר להון משום דזלזלית לאבא. וקאים מלאכא חד, ומחי לכל חד וחד בשוטי דנורא. וההוא דמחי יתהון קושיאל שמיה, ואמר רמו יתהון ורמו יתהון ומתוקדין בנורא, ומייתין חורנין ומחי להון, ורמין יתהון לנורא, וכן כל חד וחד עד דמסיימין כל חייבא. ובתר כן מעיילין אבשלום לממחא, נפקא בת קלא ואמרת - לא תמחוניה ולא תקדוניה בגין דהוא מבני רחימאי דאמרין בסיני נעשה ונשמע. בתר דמסיימין רשיעיא לממחי ולמוקד, נפקין מן נורא כאלו לא אתוקדו, ועוד חוזרים ועבדין להון שבע זמנין ביומא ותלת בליליא, ואבשלום אישתזיב מכל אלין, בגין דהוא בריה דדוד.

ובביתא תנינא דבמדור תנינא אית ביה עשר אומין, וכדין דנין יתהון, ודואג עמהון, וההוא דמחי יתהון להטיאל שמיה, ודואג אישתזיב מכל אלין דהוא מבני בניהון דאמרין בסיני נעשה ונשמע.

ובביתא תליתאה אית ביה עשר אומין וקרח עמהון. וכדין דנין יתהון. ההוא דמחי יתהון שפטיאל שמיה וקרח וכנישתיה משתזיב מכל אלין, בגין דאמרי נעשה ונשמע.

ובביתא רביעאה כדין דנין יתהון, ואית ביה עשר אומין, וירבעם עמהון, וההוא דמחי יתהון מכתיאל שמיה, וירבעם משתזיב מכל אלין על דעסק באוריתא, והוא מבני ישראל דאמרי בסיני נעשה ונשמע.

ובביתא חמישאה כדין דנין יתהון, ואחאב עמהון, וההוא דמחי יתהון חוטריאל שמיה, ואחאב אישתזיב מכל אילין בגין דהוא מבני ישראל דאמרי בסיני נעשה ונשמע.

ובביתא שתיתאה כדין דנין יתהון, ומיכה עמהון. ההוא דמחי יתהון פוסיאל שמיה ומיכה אישתזיב מכל אלין על דהוא מבני ישראל דאמרי בסיני נעשה ונשמע.

ובביתא שביעאה כדין דנין יתהון, ואלישע בן אבויה עמהון, וההוא דמחי יתהון דלקיאל שמיה. ואלישע משתזיב על דהוא מבנוהי דמאן דאמרי בסיני נעשה ונשמע. ובכל שבע אלפי דאית בכל מדור דנין כל רשיעיא בהאיך דינא, ולא חזון דין ית דין בגין חשוכא, דכל חשוכא דהוה קדם דאיתבריא עלמין תמן הוא. עד כאן במדרש.

ואלו קצת המקומות שספרו בהן עניין גיהינום וצערו וענשו בגמרא ובמדרשים, ומדדו את תכנית. ודברים הללו וכיוצא בהן, אין לתלות אותם במשל, שהרי הזכירו מקומו ומדתו

ארכו ורחבו, ודנו עליו לעניין איסור והיתר והוא מוזכר להם בעניין הדינים ושאר כמה מקומות שלא הזכרנו.

אלא כך היא קבלת רבותינו - שהקדוש ברוך הוא ברא נפשות שלצדיקים, והן בלא ספק רוח זכה ודקה ביותר: אינה גוף, ולא נגבלת, ולא נגדרת במקום, ולא נתפשת כשאר הרוחות שתופסין אותן בנודות. אלא מכת המלאכים, ונעלית ביותר, אין כאן מקום לפרש כל המושג ממנה. והכתוב מעיד עליה - ויפח[17] באפיו נשמת חיים. ואמר כי מנשמת אלוה נתנה, ולא מהשתלשלשל הסבות. ורבותינו זיכרונם לברכה אמרו שנבראו בראשון בכלל בריאת האור ברצון הקדוש ברוך הוא שגדר זה העולם השפל, והשמים העליונים הזכים, וכל צבאם הגופיים והשכליים.

והוא יתברך שמו ברא המקום שנקרא גידינום, וברא בו אש דקה מן הדקה שאינה גוף ממש נתפש, תופשת בדברים הדקים ומכלה אותם. ושם כח האש הזו באותו מקום הנזכר, כאשר שם כחות השכליים הנבדלים, שהם מלאכים, לכתותיהם בשמים. והפרישו רבותינו זיכרונם לברכה בין האש שבעולם הזה ובין האש ההיא לדקות אותו האש.

אמרו בפסחים - אור[18] דידן איברי במוצאי שבת, ואור דגיהינום

---

[17] בראשית ב, ז
[18] פסחים נד, א

איברי בשני בשבת. ואין ספק אחרי המימרה הזאת, שהם רוצים להעלות האש ההיא ולעשותה דקה, מן הדקה, עד שייחסו אותה להיבראות ביום שני והוא היום שהם מייחדים בבראשית רבה ובמדרשים לבריאת המלאכים.

וידוע הוא בכל מעשה בראשית, כי הנבראים בראשון דקים וקרובים לסיבה הראשונה וליסוד המוקדם יותר מן הנבראים בשני, וכן השני מן השלישי, כאשר תראה אפילו בפשט הכתובים. ואין ספק לשום אדם בעולם, כי האש הזו שבעולם הזה אינה שורפת הנפש, ואפילו האוויר העולמי הנתפש אין האש מכלה בו ולא שורפת אותו. ולא שמעתי לאחד מן המאמינים או מן הכופרים, בין גס המחשבה או דק ועמוק בסברה, אין אחד מהם שיאמין בהישרף החסיד, שנשרפה נפשו ואבדה באש וגמולו כלה וילך.

אלא שהאש ההיא שבגיהינום שנאמין בה שהיא שורפת הנפשות, אינה כמו אש העולם הזה כלל, לא האש שמשתמשין בה כגחלת ושלהבת, ולא האש היסודית אשר בגלגל האש, אף על פי שהוא גוף דק מאוד והיא מתחברת בגופי הנבראים עם השתלשלות היסודות; אלא דקה מזו היא, ואף על פי שהיא מעניינה כמו שאבאר.

וכבר הזכרתי מה שאמרו רבותינו זיכרונם לברכה על אחד מאשי מקום העונש הזה, שהוא נהר שלאש היוצא מתחת כסא הכבוד. הרי שמעלים דקותו עד כסא הכבוד, שהוא יסוד כל

נברא והפנימי מכולם. וכן הכתוב עצמו עילה אותו עד לאין
תכלית, שנאמר באש הזה - נשמת[19] הוי"ה כנחל גפרית בוערה
בה. כמו שנאמר בבריאת הנפש - ויפח[20] באפיו נשמת חיים.
וכפי מה שרמזנו למעלה.

וכן בפרקי רבי אליעזר - מזכירין[21] בבריאת יום שני הרקיע
שעל ראשי החיות והמלאכים ואשו שלגיהינום. זכר הדברים
הנבראים הדקים והשכלים הנבדלים עם האש הזו.

וגדולה מהן אמרו בגמרא בפרק אין דורשין - גבי[22] נהר דינור
מהיכא שקיל מזיעתן שלחיות, ולהיכן שפיך, על ראש רשעיא
דבגיהינום.

ואמרו בפרק היכלות רבי ישמעאל, שנשבע הקדוש ברוך הוא
על אותו רשע לופינוס קיסר, שהרג עשרה הרוגי מלוכה,
שהוא מטעימו טעם אור וגחלי אש, כרובים ואופנים וחיות
הקדש שורפים לאותו רשע בגיהינום. ודבר זה גדול ומפורש.

ובבראשית רבה אמרו - וישכן[23] מקדם לגן עדן, דבר אחר -
מקדם, קודם לגן עדן נבראו המלאכים, שנאמר היא החיה

---

[19] ישעיהו ל, לג

[20] בראשית ב, ז

[21] בפרקי רבי אליעזר פרק ד

[22] חגיגה יג, ב

[23] בראשית רבה פרק כא יג-יד

אשר ראיתי תחת אלהי ישראל בנהר כבר ואדע כי כרובים המה.

ואת[24] להט החרב. על שם משרתיו אש לוהט - **המתהפכת,** שהן מתהפכין, פעמים אנשים פעמים נשים פעמים רוחות פעמים מלאכים.

דבר אחר - **מקדם,** קודם לגן עדן נבראת גיהינום, גיהינום נבראת בשני, וגן עדן בשלישי.

ואת להט החרב המתהפכת. על שם - ולהט[25] אתם היום הבא אמר הוי"ה צבאות אשר לא יעזב להם שרש וענף.

אלו שתי לשונות לגיהינום וליסוד האש שבו, שהם מלאכים וכרובים שתחת הכסא. וכל אלו הדברים רומזים עיקר גדול בזה.

ואחרי זה נאמר, שבורא הנשמות הזכות והטהורות יתברך שמו, יש ביכולתו לברוא להן אש דקה שאינה גוף נתפש, שורפת דברים דקים שאינם גוף ומכלה אותם. שאין הכחשה לאחר שיודה בבריאת הנפש ברצונו יתברך, שלא יהא אפשר להמציא דבר דק כמוה דק כמה מונח כנגדה לכלותה. וכן אומרים

---

[24] בראשית ג, כד
[25] מלאכי ג, יט

רבותינו זיכרונם לברכה - במלאכים[26] עצמן שנשרפין בנהר דינור, והזכירו - אש[27] אוכלת אש.

ואם יקשו עלינו, היאך הנפש נגבלת במקום ההוא הנקרא גיהינום או שאול?

נשיב להם, עם כל עומק פילוסופי היונים ופיתויי הכשדיים והגרים, שאומרים אין הנפש נגבלת במקום, ואין לה משכן במוח או בלב, רק שהם מקומות נרמזים לשימוש השכל ההוא. ואנחנו עם כל זה לא נשיא שכלנו שלא יהא בגוף ראובן זה מן הבריה הדקה הזו הנקראת נפשו יותר ממה שיש מן הנפש ההיא במוח החמור או בענף האילן, ושלא תהיה נפשי בגופי נצמדת, יותר ממה שנפשי נצמדת בגופו של חברי, ויהיה משכנה בי במקומה או שלא במקומה, מפני שהיא אינה גוף, ואין מקום על דקדוק לשונם לדבר שאין לה גוף, אבל על כל פנים נפש שוכנת בי ויהיה חיבורה בגופי.

כדברי קצת חוקריהם, שאומרים כי נקשרה בריה דקה הזאת הרוחנית המאירה ברוח חיים, והיא אצלם נפש אחרת באדם, ונצמדו שתי הנפשות - הדקה קיימת, בגסה ממנה בעלת התנועה הנמסכת בחום הטבעי בדם. והצמד שתיהן כהקשר השלהבת לפתילה עם שמן, הדק דקות בינוני בין שניהם.

---

[26] שמות רבה י, ח
[27] יומא כא, ב

או יהיה בעניין בדרך אחר כמו שירצו, וירחיבו לשונם בדקות מלות ובגערות לחולק עליהם, וקוראים הנוטה מדבריהם פתי וסכל שאינו יודע ומבין.

אבל על כל פנים, מי ששכן בחומר הזה, והצמיד בינה ובין הגוף, יכול להגביל אותה במקום ההוא, ולחבר בינה ובין האש הדקה שבאותו מקום, שהיא מן הכת העליונה. ונברא על זה העניין שתכלה הנפש ותשתנה במצרף ההוא או הכיליון החרוץ.

וכבר בא במורה הנבוכים מאמר מן הפילוסופים - כי[28] האדם כשתניעהו נפשו שהיא צורתו לעלות מן הבית אל העלייה, נאמר כי גופו הוא אשר התנועע בעצמו.

כי הנפש היא המניע הראשון בעצמה, אלא שהיא התנועעה במקרה, כי כשהעתיק הגוף מן הבית אל העלייה התנועעה עמו הנפש אל העלייה. ואם תשקוט הנעת הנפש ישקוט המתנועע בשבילה, והוא הגוף. ואם ישקוט הגוף, תסיר התנועה המקרית אשר יש לנפש. עד כאן לשונו.

וכבר אמר עוד קצת משכליהם, אין בעל חומר יכול להשיג השגה שלמה, על איזה צד יהיה הנפרד סבה למציאות בעל חומר, או למציאות כח מכחותיו או פעולה מפעולותיו, כי זה

הוא יותר נעלם בהם מהעלם עלולים, לאו מחקריהם במצאם חיבור הנפרדים עם בעלי החומר בסבה ובפעולה, והוא חבור על כל פנים.

וכבר יצאנו לעניין אסור בחקירה הזאת, מפני המתגאים על יוצרם להתחכם בתוך מעשיו וסודות יצירותיו הנפלאים, והם לא ידעו בנין גופם בכל מחקריהם, אף כי נפשם.

ומדוע יתפארו על קבלתנו, בעשותם הנפש דקה, ויתארו אותה במלות וספורים מלאכיים, כי לא ראינו ייחוסה בחיבוריהם רק לגלגל השכל, או לבעלי העיון שלהם לכת המלאכים. ואנחנו על קבלה אמיתית מאבות הקדושים שלא הספיקו בילדי נכרים, מעלים אותה ומדקדקים ענינה מאלה עד להרבה. עד שיאמרו רבותינו זיכרונם לברכה עליה דבר, כאלו דעתם נוטה שלא נבראת. אמרו במדרש - עד[29] שהמלך במלאכתו ישב שם, עם מלך מלכי המלכים הקדוש ברוך הוא, ישבו נפשותיהן שלצדיקים שבהן נמלך וברא העולם.

ומי שישמע זאת המימרה, בין שיזכה לפירושה או שלא ידענו, מכל מקום יכיר מכאן שאין דקות הנפש לפילוסופי האומות ולנגררים אחריהם, יותר מדקותה אצל רבותינו, ולא כמותו, אף על פי שלא הבהילו את הלומדים במלות נאמרות במספר ובחומר עניין. ועם כל זה יאמינו רבותינו כי אש שלגיהינום

---

[29] בראשית רבה ח, י

ואבדון שולטת בהן ברצון העושה הכל יתברך.

ועכשיו יש לפרש העונש הגדול שהוא הכרת, והוא באמת אבדן הנפש. וכך אמרו בספרא - לפי[30] שהוא אומר **כרת** בכל מקום, ואיני יודע איזהו, תלמוד לומר - והאבדתי[31] את הנפש ההיא. למד על הכרת שאינו אלא אבדן.

אלא שהאבדון הזה אינו בלא עונש וצער, שימות הרשע ותאבד נפשו ותשוב כנפש בהמה או תתבטל לגמרי, כי זאת הבריה החיה אי אפשר שתאבד מאליה באובדן הגוף, כמו שאי אפשר לאחד מן המלאכים להתבטל בביטול אחד גופי מהנבראים, אם גלגל או זולתו. ואי אפשר שתשוב כנפש הבהמה ותתבטל, כי נפש הבהמה תשוב ליסודה שהוא האויר והיסודות כשאר כל הדברים הגופיים השבים ליסודם ועפרם בין דקים בין גסים. ולא אבד דבר מיום שנברא העולם ועד עכשיו רק בעניין הזה להתגלגל ולשוב אל יסודו, והוא אבדן כל האובדים כל זמן קיום העולם.

כל שכן שזאת הנפש שהיא עליונה, אי אפשר שתהיה בטלה ואובדת, ולא שתשוב בהמית ותצטרף אל היסודות הארבע שאינן מהן, כי זה אינו אמת בקבלה, והוא רחוק מאוד אל העיון מכל מה שביטלוהו המתחכמים.

---

[30] ספרא אמור יד, ד
[31] ויקרא כג, ל

ואם היא תשוב אל יסודה, כתולדת הנבראים בעלי ההוויה וההפסד שהם שבים ליסודם, אשריה וטוב לה, כי הוא השכר הגדול והגמול הנכבד.

אבל עניין זה כולו ממה שנזכר למעלה מדברי רבותינו זיכרונם לברכה - שחייבי[32] העונש נדונין בגיהינום י"ב חודש לפי הראוי להם, לאחר גמר דינם נשמתן נשרפת והם נעשים אפר. כלומר - שנתבטלה יצירתן ממה שהייתה, כדבר הנשרף המושב לאפר. ורוח האלהים, והוא רוח הנחה ורצון, מפזרתן תחת כפות רגלי הצדיקים, כלומר במדרגה שהיא למטה מעונג הצדיקים ומנוחתן, והיא מדרגה שאין לה בה בה העונש וצער כבתחילה, ולא נועם ועונג הצדיקים.

והמצפצפים ועולים שהזכירו רבותינו זיכרונם לברכה, עולין לאחר דינם למדרגה שיש בה מנוחה ועונג, ולא כעניין הצדיקים.

אמרו במסכת שבת - אלו[33] ואלו בין שלרשעים בין שלבינונים, לדומה במסרות. הללו יש להם מנוחה, והללו אין להם מנוחה, וכמו שאנו עתידין לבאר.

והרשעים הגמורים החמורים, שנדונין לדורי דורות, רצון

---

[32] ראש השנה יז, א
[33] שבת קנב, ב

האדון יתברך מקיים אותן, ודן הנפשות ההם בעונש וצער שאינו מכלה הנפש החוטאת ההיא, כדכתיב - כי[34] תולעתם לא תמות ואישם לא תכבה. אף במיתת הגוף, נוח לאדם שהוא מתייסר בייסורים קשין, שימות בייסוריו לשעתו, יותר משיחיה ימים רבים, ולא יהא סוף וקץ לייסוריו וצערו.

כך אומר בירושלמי במסכת פאה - רובו[35] זכיות יורש גן עדן; רובו עוונות, יורש גיהינום. היה ממעיין, אמר רבי יוסי בן רבי חנינא, **נושא עוונות** אין כתיב, כאן אלא **נושא עוון**, הקדוש ברוך הוא חוטף שטר אחד מן העבירות, והזכיות מכריעות את המאזניים לצד זכות, כיוון שנמצא שהזכיות יתירות על העבירות. וכבר נזכר למעלה העניין הזה.

העונש הזה שלגיהינום, מיד הוא בא לאדם לאחר מיתה. תכף שהרשע מת, נפשו מתקשרת בגלגל האש, ומשם נצמדת לנהר שלאש היוצא מתחת כסא הכבוד, שהוא מיסוד הגלגל וכח האשות כולן, והוא יורד לגיהינום ועמו מתגלגלת ויורדת לשם, וזה העניין דומה לגלגולי הסיבות החוזרות להיותם בכל הנבראים, והוא נכון ומתקבל אפילו לבעלי העיון הפילוסופי.

הנפש הזו, החוזרת ליסוד האש ונצמדת לו בין בתחילה בין בסוף, נמשכת בדעת להתעלות ולהדבק בעליונים כשאר כל

---

[34] ישעיהו סו, כד
[35] ירושלמי פאה א, א

הדברים שתולדתן לשוב ליסודן. ועובי העוונות וגסות החטאים שהבדילו בינה לבין בוראה מונעים אותה, ונמשכת ונצמדת באש שלגיהינום. ומחשבה זו הנמנעת ממנה היא ייסורין וצער גדול שאין לו חקר ותכלית מלבד צער גיהינום. וזה מעניין הכרת, לומר שהיא נכרתה מיסודה, כענף הנכרת מן האילן שהוא חי ממנו.

כך אמרו חכמים זיכרונם לברכה - ושלרשעים[36] זוממות והולכות, שנאמר - ואת[37] נפש אויבך יקלענה בתוך כף הקלע. ופירוש **זוממות** מלשון - אשר[38] יזמו לעשות. והעניין כמו שפירשנו.

ומנין לנו שהוא בא מיד לאחר מיתה, ואינו מן הדינין העתידין להיות לימי המשיח, והעולמות הבאים לדעותינו וקבלתנו?

כך אמרו חכמים במסכת עדויות - משפט[39] רשעים בגיהינום שנים עשר חדש, שנאמר - והיה[40] מדי חדש בחדשו ומדי שבת בשבתו יבוא כל בשר להשתחות לפני אמר הוי"ה.

ואמרו במסכת קידושין - מכבדו[41] בחייו מכבדו במותו ואומר

---

[36] שבת קנב, ב

[37] שמואל-א כה, כט

[38] בראשית יא, ו

[39] משנה עדויות ב, י

[40] ישעיהו סו, כג

[41] קידושין לא, ב

- כך אמר אבא מרי הריני כפרת משכבו. והני מילי בתוך שנים עשר חודש, אבל לאחר שנים עשר חדש אומר - זכרו לחיי העולם הבא.

ואמרו במסכת תענית - בשעת[42] פטירתו של אדם לבית עולמו כל מעשיו נפטרין לפניו ואומרים לו כך וכך עשית במקום פלוני ביום פלוני והוא אומר הין ואומרים לו חתום וחותם שנאמר - ביד[43] כל אדם יחתום. ולא עוד אלא שמצדיק עליו את הדין ואומר להם יפה דנתוני לקיים מה שנאמר - למען[44] תצדק בדברך.

והזכירו בהגדה - בעניין עדת קרח - כל[45] תלתין יומין מהדרי להו בגיהינום כבשר בקלחת, ואמרי - משה אמת ותורתו אמת, והן בדאין.

ובעניין אלישע בן אבויה אמרו - כי[46] נח נפשיה אמרי לא מידן לידייניה, ולא לעלמא דאתי ליתי, לא מידן לידייניה, משום דגריס באורייתא. ולא לעלמא דאתא ליתי, משום דחטא. אמר רבי מאיר - מתי אמות ואעלה עשן מקברו. כי נח נפשיה דרבי מאיר סליק קוטרא מקבריה דאחר. ומעשה נסים הוה, כדי להראות כן.

---

[42] תענית יא, א
[43] איוב לז, ז
[44] תהלים נא, ו
[45] בבא בתרא עד, א
[46] חגיגה טו ב

וכך אמרו עלה בירושלמי - מן[47] דקברוניה ירדה אש מן השמים ושרפה קברו.

ובמדרש תהלים, אמר דוד - בידך[48] אפקיד רוחי פדיתה אותי הוי"ה אל אמת. **בידך אפקיד רוחי** - בשעת מיתתי. **פדית אותי הוי"ה** - מן גיהינום.

ומפורש בהגדה - בכל[49] ערב שבת, **דומה** שר הממונה על הנפשות מכריז ואומר - הנח להן לרשעים אלו וינוחו. ומניחין אותן כל השבת כולה, ובמוצאי שבת עם חשיכה צועק המלאך הממונה על הרוחות, חזרו לכם רשעים לגיהינום, שכבר השלימו ישראל סדריהן.

ולכך ישראל מזכירין בסדר מוצאי שבת ואומרין - ויהי[50] נעם אדנ"י אלהינו עלינו ומעשה ידינו כוננה עלינו ומעשה ידינו כוננהו.

הא למדנו מדבריהם שהרשעים מיד נשמתן ונפשותיהן נידונות בגיהינום כפי הראוי להם, וכפי מה שנתבאר למעלה מפירושי העונש ההוא והדין ההוא. וזאת אמונת כל מחזיק בדברי

---

[47] ירושלמי חגיגה ב, א
[48] תהלים לא, ו
[49] פסיקתי רבתי כג
[50] תהלים צא, א

רבותינו זיכרונם לברכה או מאמין בקבלתם, ועם מה שפירשנו לא ירחיקו דבריהם אחד מבעלי העיון, אלא המשתבש מהם או המתפקר.

הכרת הזה שאמרנו שהוא אבדן הנפש, אינו בכל מחויבי כריתות. שהצדיק הגמור שתקפו יצרו, אכל כזית מן החלב אינו נכרת ואבד מן העולם הבא, ואפילו בעל אחת מחייבי כריתות אינו אבד לגמרי מגן עדן ומהעולם הבא, שהרי מנו חכמים במשנתנו - ואלו[51] שאין להם חלק לעולם הבא, לא מנו אלא הכופרים בעיקרי התורה.

אלא כך הוא ביאור העניין - שהכרת המפורש בתורה עונש מכופל הוא לגוף ולנפש - מי שזכיותיו מרובין על עוונותיו, אף על פי שיש בהם מחייבי כרת, העונש מגיע לו בגופו והוא מת בחצי ימיו. כמו שאמרו במשקין - מת[52] בן החמישים שנה זו היא מיתת כרת. ואמרו בספרי[53] - מפני מה ענש להלן מיתה וכאן כרת, ללמדך שכרת היא מיתה ומיתה היא כרת.

ולזה רומז בתורה במקצת הכריתות שנאמר בהם - ונכרת[54] האיש ההוא מעמיו. לאחר שמת זה המחויב כרת בגופו, כיון

---

[51] סנהדרין צ, א
[52] מועד קטן כח, א
[53] ספרי חוקת קכה
[54] ויקרא יז, ט

שרובו זכיות אינו יורד לגיהינום, אלא זוכה למעלה הראויה לו מחלקי גן עדן.

ויש במחויבי כרת מי שעונותיו מרובין מזכיותיו, ועונש כרת שלו מגיע לנפש החוטאת לאחר שתיפרד מן הגוף, שהיא נכרתת מחי גן עדן, והם הרשעים שהזכרנו שעונותיהן מרובין. ויש בכללן עוון פושעי ישראל בגופן ששנו חכמים זיכרונם לברכה - שיורדין[55] לגיהינום ונדונין בה י"ב חדש, לאחר י"ב חדש גופן כלה ונשמתן נשרפת ורוח מפזרתן תחת כפות רגלי הצדיקים. ומחויבי כריתות הללו הם שרמז הכתוב - ונכרתה[56] הנפש ההיא מלפני. וכתיב - והאבדתי[57] את הנפש ההיא. רשעים הללו אין להם כרת בגופן, אלא פעמים שמזקינים בשלוה בעולם הזה, כדכתיב - יש[58] רשע מאריך ברעתו. וכפי מה שכתבנו למעלה.

ויש עוד במחויבי כרת שגופו נכרת מחי העולם הזה ונפשו נכרתת מחי העולם הבא, ואין צריך לומר מחי גן עדן, לפי שהוא נידון בגיהינום לעולם. והם עובדי עבודה זרה שמנו חכמים זיכרונם לברכה במשנה.

---

[55] ראש השנה יז, א
[56] ויקרא כב, ג
[57] ויקרא כג, ל
[58] קהלת ז, טו

ואלו הם שאין להם חלק לעולם הבא - האומר[59] אין תחיית המתים מן התורה, ואין תורה מן השמים ואפיקורס.

ומה[60] שהוסיפו עליהן בברייתא, דקתני בתוספתא - הוסיפו עליהן הפורק עול, והמפר ברית בשר, והמגלה פנים בתורה. והני דקתני אידך ברייתא התם, המינים והאפיקורסים והמשומדים והמסורות ושפרשו מדרכי צבור, ושחטאו ושהחטיאו את הרבים ושנתנו חתיתם בארץ חיים, יורדין לגיהינום ונדונין בה לדורי דורות.

ורשעים הללו הם שכתוב בהם - הכרת[61] תכרת הנפש ההיא עונה בה. ודרשו רבותינו זיכרונם לברכה - **הכרת**[62] - בעולם הזה, **תכרת** - לעולם הבא. כפל זה לא נאמר בתורה אלא לעניין עבודה זרה ומגדף וכיוצא בהם, דכתיב - כי[63] דבר הוי"ה בזה ואת מצותו הפר הכרת תכרת הנפש ההיא עונה בה. ודרשו במסכת שבועות - **כי דבר הוי"ה בזה**, זה הפורק עול ומגלה פנים בתורה, **ואת מצותו הפר**, זה המפר ברית בשר.

ושם אמרו בביאור שאין כפל כרת זה נדרש בכל עבירות שבתורה, אלא באלו שבכתוב הזה. ולפיכך לא מנו רבותינו זיכרונם לברכה אלא אלו הנזכרים וכיוצא בהם, לפי שהכתוב

---

[59] משנה סנהדרין י, א
[60] סנהדרין יב, ט
[61] במדבר טו, לא
[62] ספרי שלח קיב
[63] במדבר טו, לא

הזה בעניין עבודה זרה נאמר, וריבה הכתוב את אלו, והוא הדין לכל הכופרים בעיקר, וכן בשאר הרשעים המוחלטין, לפי שמצאו בהן בקבלה - כי[64] תולעתם לא תמות ואשם לא תכבה. הא בשאר הכריתות אינו כן, אלא כמו שביארנו.

אף על פי שיש בחטאים אלו כרת בגוף בעולם הזה, וכרת בנפש לעולם הבא, יש כופר בעיקר שמאריכין לו ואוכל חיי העולם הזה. ואם תאמר - והיאך תולין לו על כרת שבגופו, אם בשביל זכות שעשה, אין לכופר בעיקר זכות, לפי שהוא עושה לשם כפרנותו ולא לשמו של הקדוש ברוך הוא יתברך? זו אינה קושיא, שיש בדרכיו של בעל הרחמים לרחם על מי שעושה טובה ומעשה הגון בעולם הזה, אפילו עשהו לשם עבודה זרה. כגון מה שאמרנו באומות העולם, וכן בדברי הנביאים, מקצת אומות שנגזר עליהם גלות בשביל מה שהרעו לישראל, ושאר אומות לא הרעו להם, לא נגזר עליהם גלות. וכן הכתוב מזהירנו - לא[65] תתעב אדומי כי אחיך הוא.

וכל שכן שכבר רמזנו סוד שיש בו תיקון כל השאילות הללו, שהדין נותן להיתלות אפילו לעובד עבודה זרה להכעיס.

ברוך שופט הצדק, שיסד הכל ברחמים.

---

[64] ישעיהו סו, כד
[65] דברים כג, ח

ואחרי שביארנו אמונתם ודבריהם, צריכין אנו לחוש ולפרש דברי הרב הגדול רבי משה בר מיימון.

כתב בספר המדע - שכר[66] הצדיקים הוא שיזכו לנועם זה, ופירעון מן הרשעים שלא יזכו לחיים אלא יכרתו וימותו. וכל מי שאינו זוכה לחיים אלו הוא המת שאינו חי לעולם, אלא נכרת ברשעו ואבד.

זהו הכרת שנאמר - הכרת[67] תכרת הנפש ההיא עוונה בה. מפי השמועה למדנו **הכרת**, בעולם הזה, **תכרת**, לעולם הבא. כלומר: שאותה הנפש שפירשה מן הגוף בעולם הזה, אינה זוכה לחיי העולם הבא, אלא גם כן נכרתה מן העולם הבא.

עוד כתב הרב זכרונו לברכה - שהנקמה שאין נקמה למעלה ממנה, שתיכרת הנפש ההיא שעונה בה. וזה האבדן הוא שקורין אותו הנביאים דרך משל **באר שחת, אבדן, ותפתה, ועלוקה**, וכל לשון כליה והשחתה. לפי שהוא הכליה שאין אחריה תקומה, וההפסד שאינו חוזר לעולם.

כל אלו דברי הרב זכרונו לברכה.

מי שרואה דברים אלו, לבו נוקפו, שמא נטה דעת הרב זכרונו

---

[66] היד החזקה, ספר המדע תשובה ח, א
[67] במדבר טו, לא

לברכה לומר שאין עונש וייסורים לנפש החוטאת, ולא תשיג אותה צער, כדרך החיצונים חס ושלום. אלא דברי הרב זכרונו לברכה על סוף האבדן והכיליון החרוץ שאין אחריו עונש ונקמה, והוא הכרת שהוא בטול הנפש. וכלל בה, שהביטול הזה מלבד מה שנתייסרה תחלה בעונשי גיהינום וייסורים שבו, הוא עונש גדול ואבדן חמור, לפי שאבדה הנועם הגדול שהייתה ראויה לו מצד שהיא בריה זכה שלוקחה ממקום הכבוד כמלאכים או למעלה מהן, והוא זכות הצדיקים ומעלתם שהם זוכים לה. כמו שפירש הרב זכרונו לברכה, וכמו שאנו עתידים לבאר.

ואף על פי שלא פירש הרב זכרונו לברכה כל צרכו בביטול הזה שיהיה מתוך דין וייסורים, יש ראיה ללמד עליו זכות. שהרי כתב בפרק אחד מפרקי הספר הנזכר. כל הרשעים שעונותיהן מרובין, דנים אותם כפי חטאיהן ויש להם חלק לעולם הבא, שכל ישראל יש להם חלק לעולם הבא.

ואלו[68] שאין להם חלק לעולם הבא נדונים ונכרתים ואובדים כפי גודל רשעותם וחטאתם לעולם ולעולמי עולמים, המינים והאפיקורסים והכופרים בתורה, והכפרים בתחיית המתים, ובביאת הגואל, המורדים, ומחטיאי הרבים, והפורשים מדרכי הציבור, והעושה עברות ביד רמה בפרהסיה.

---

[68] היד החזקה, ספר המדע, תשובה ג, ו

פח

הרי שהפריש בין חייבי הכרת הגמור ובין הנדון כפי רשעו.
ואם אין שם מקום שלעונש וחיסורים לנפש, מהו המשפט הזה
שנדון בו הרשע כפי רשעו, ובסוף יש לו חלק לעולם הבא, הא
אין הכוונה אלא כמו שפירשנו.

אבל יש לו לרב זכרונו לברכה במקום אחר דברים משבשים
הדעות. חזר ושנה זה העניין בפירוש המשנה בפרק חלק, ואמר
כי העונש הגדול הוא שתפסק הנפש ותאבד ושלא תישאר.
והוא מה שנזכר בתורה בעניין כרת, כמו שנאמר - הכרת[69]
תכרת הנפש ההיא. ואמרו זיכרונם לברכה - **הכרת** בעולם
הזה, **תכרת** לעולם הבא. ואמר הכתוב - והיתה[70] נפש אדוני
צרורה בצרור החיים.

וכל מי שיהיה נמשך אל התענוגים הגשמיים - וישליך האמת
אחרי גוו, ויגביר השקר על האמת - ייכרת ויאבד מן המעלה
ההיא, ויישאר גוף אובד בלבד.

וכתב - ואולם גיהינום הוא כינוי על עונש הרשעים, ולא
התבאר בתלמוד איך יהיה זה העונש. אבל מקצתם אומרים כי
השמש תקרב אל הרשעים ותשרפם, ויביאו ראיה מן הפסוק -
כי[71] הנה היום בא בער כתנור והיו כל זדים וכל עשה רשעה
קש ולהט אתם היום הבא אמר הוי"ה צבאות אשר לא יעזב

---

[69] במדבר טו, לא
[70] שמואל-א כה, כט
[71] מלאכי ג, יט

לֶהם שרש וענף. ומקצתם אומרים כי חמימות נפלא תבער בגופם ותשרפם, כדכתיב - רוחכם[72] אש תאכלכם.

אלו דבריו זכרונו לברכה, ואינם דברים נוחים לדעתנו. מפני שדברי רבותינו זיכרונם לברכה במחלוקת שהזכיר, אינם על דיני גיהינום המצוי תמיד, שהוא לדברי הכל מקום דין באש נפלאה דקה, בראה האלהים לעונש ולאבד רחקיו ולהצמית כל זונה ממנו.

אבל יש לדעת רבותינו זיכרונם לברכה עוד יום מועד לדין עמים, והוא היום שהנביאים מעידים אותנו - **הנה יום בא בוער כתנור**, ואמר מלאכי - יום[73] הוי"ה הגדול והנורא. כי כמו שנדונין בראש השנה על חיי העולם הזה, ונדונין כל אדם ביום מיתתו על שכר נפשו ועונש גיהינום - כן נידונין הכל ביום הדין מתחילת ימות התחיה, על עניין אותו שכר העתיד לעולם הבא, אם ראוי לתחיית המתים ולנועם הגוף והנפש באותו זמן. וכן כתוב באותו העת - ורבים[74] מישני אדמת עפר יקיצו, אלה לחיי עולם ואלה לחרפות לדראון עולם. והן רשעים כגון אומות העולם ועוברי עבודה זרה, שיגמר דינם לדיראון עולם, ושלא ינעימו בחיים ההם, אלא יישארו בדיראון שלהם, או יכפול עליהם עונש ממידה הקשה לרעה הימנה, כפי מה שנתחייבו.

---

[72] ישעיהו לג, יא
[73] מלאכי ג, כג
[74] דניאל יב, ב

ועל הדין הזה שנינו במשנה - אנשי[75] דור המבול אין להם חלק לעולם הבא ואין עומדין בדין, ואנשי סדום אין להם חלק לעולם הבא, אבל עומדין בדין.

וכן בכל מקום שתמצא בדבריהם זיכרונם לברכה אריכות העונשים לעתיד, הוא מהכרתת הנפש החוטאת בדין ההוא. כמו שאמרו במדרש[76] - שאלו ישראל לבלעם - אימתי היא? אמר להם - אראנו[77] ולא עתה. אמר להם הקדוש ברוך הוא - זו היא דעתכם, אי אתם יודעין שסופו לירד לגיהינום, ואינו רוצה שתבוא ישועתי.

זה העניין לדין גיהינום העתיד ליום הדין הגדול.

ויונתן בן עוזיאל עליו השלום אמר בתרגום[78] - כי[79] לא ביד יקחו. בכן לית פורענותהון ביד אינש, אלהין באישתא עתידין לאיתוקדא די ליתוקדין באתגלא בית דינא רבה למיתב על כורסי דינא למידן ית עלמא.

ואמרו במכילתא[80] - אם תזכו לשמור את השבת, תנצלו משלוש פורעניות: מיום גוג ומגוג ומחבלו שלמשיח, ומיום דין הגדול.

---

[75] סנהדרין י, ג
[76] שמות רבה ל, כ
[77] במדבר כד, יז
[78] שמואל-ב כג, ו
[79] שמואל ב' כ"ג ו-ז
[80] במכילתא בשלח ד

ואמרו בלמדנו ובמקומות אחרים במדרש[81] - למה[82] הרגזתני להעלות אותי. שהיה שמואל מתיירא שהגיע יום הדין. אף על פי שכבר מת זה כמה, היה סבור שהוא הדין העתיד שהכל נידונים בו.

ועל זה אמר ריש לקיש - אין[83] גיהינום לעתיד לבא. והוא יום הדין העתיד לבוא, אלא הקדוש ברוך הוא מוציא חמה מנרתיקה ומקדירה, רשעים נידונים בה, וצדיקים מתרפאים הימנה.

והם הצדיקים שזכו לתחייה ועמדו במומם כמו שהלכו - מת חגר או סומא, עומד במומו, שלא יאמרו - מן השמים ריפא אותם? אלו אחרים הם! והביאו ראיה לזה מדכתיב - הנה[84] יום בא בוער כתנור והיו כל זדים וכל עושי רשעה קש ולהט אותם היום הבא אמר הוי"ה צבאות אשר לא יעזוב להם לא שרש ולא ענף. ודרשו - **לא שרש**, בעולם הזה - **ולא ענף**, לעולם הבא. והצדיקים שמתרפאין בה. דרש[85] עוד רבי שמעון בן לקיש, דכתיב - וזרחה[86] לכם יראי שמי שמש צדקה ומרפא בכנפיה. והנה אין זה גיהינום ההווה לאדם אחר המות. וכן פירש בתחילת מסכת עבודה זרה.

---

[81] מדרש שמואל-א כח, טו

[82] שמואל-א כח, טו

[83] עבודה זרה ג, ב

[84] מלאכי ג, יט

[85] עבודה זרה ג, ב

[86] מלאכי ג, כ

ותעשה[87] אדם כדגי הים כרמש לא משל בו - מה[88] דגים שבים כיון שקדדה עליהם חמה מיד מתים, אף בני אדם כיוון שקדדה עליהם חמה מיד מתים.

והעמידוה בעולם הבא, כרבי שמעון בן לקיש, דאמר - אין[89] גיהינום לעתיד לבא אלא הקדוש ברוך הוא מוציא חמה מנרתיקה. הרי ביארו, כי זו המימרה של רבי שמעון בן לקיש אינה אלא בעולם הבא, והוא עולם שאחריה התחיה. כמו שאנו עתידים לבאר בראיות גמורות.

וכן המימרה הזו שנויה בבראשית רבה - גלגל[90] חמה יש לו נרתיק, מה טעם - לשמש[91] שם אהל בהם. ובריכה של מים לפניו. בשעה שהוא יוצא, הקדוש ברוך הוא מתיש את כחו במים, שלא יצא וישרוף את העולם.

אבל[92] לעתיד לבא הקדוש ברוך הוא מערטלו ומלהט בו את הרשעים. מה טעם - ולהט[93] אותם היום הבא.

ואתה יודע, שדין גיהינום בכל יום, הוא מכלל הזמן הזה ההווה

---

[87] חבקוק א, יד
[88] עבודה זרה ג, ב
[89] עבודה זרה ג, ב
[90] בראשית רבה פו, ט
[91] תהלים יט, ה
[92] אברבנאל על מלאכי ג, כא
[93] מלאכי ג, יט

עכשיו, כפי מה שנתפרש מדברי רבותינו זיכרונם לברכה. וזו הנזכר כאן בזו המימרה, אינו אלא לעתיד לבא, לכשיתערטל השמש מן הנרתיק הזה שהזכירו עליו שהוא בתוכו בעולם הזה, כמו שכתוב - לשמש[94] שם אהל בהם.

והחזירו עוד מימרה זו במדרש תהלים ואמרו: מה הקדוש ברוך הוא עושה לעתיד לבא? שולף אותו מנרתיקו ומביאו לרקיע שני, ודן בו את הרשעים. וכן דברי החכם האחר, והוא רבי יהודה ברבי אלעי, אמר - לא[95] יום ולא גיהינום, אלא אש היא שהיא יוצאת מגופו ומלהטתו. כל הדברים האלה לעתיד הם. וכן אמרו עוד - אפילו[96] בשעה שהקדוש ברוך הוא מחזיר נשמות לנדניהן, נשמתן קשה.

אלה שתי המימרות עניין אחד ליום העתיד, שכתוב - ואלה[97] לחרפות לדיראון עולם.

ואיך יעלה על לב גורס התלמוד שיאמר ריש לקיש אין גיהינום, וכמה ברייתות שנויות בתלמוד בעניין המקום והאש ההם, כדתניא בפסחים - ותניא[98] רבי יוסי אור שברא הקדוש ברוך הוא בשני בשבת אין לו כביה עולמית. והיו מקשים על רבי שמעון בן לקיש מן הברייתא, וסותרים דבריו בתיובתא,

---

[94] תהלים יט, ה
[95] בראשית רבה ו. י
[96] מדרש תהלים יט
[97] דניאל יב, ב
[98] פסחים נד, א

והוא עצמו, רבי שמעון בן לקיש, הזכיר בערובין - אור[99]
שלגיהינום. והלשון עצמו מוכיח, שלא אמר - אין גיהינום
בעולם, אלא - אין גיהינום לעתיד לבא.

אלא שהעניין כמו שפירשתי, והדברים כמו שביארנו. ועם כל
זה, גלה לנו הרב זכרונו לברכה דעתו, שהוא מאמין בעונש דין
וצער, יהיה באי זה זמן שיהיה אחרי המוות, אלא שלא התבאר
לדעתו בתלמוד, ולא הסתפק ממנו אלא איכות הדין והצער
הזה.

וזה התנצלות לרב, ולימוד זכות לחכם גדול וחסיד כמותו
זכרונו לברכה, ופירוש למימרה שלרבי שמעון בן לקיש, שלא
תשבש דעת קצת התלמידים, או שלא יתלו בה החיצונים
שהטינה בליבם.

וכללו של דבר - מבואר הוא מדברי חכמים זיכרונם לברכה,
ואחוז ביד מקבלי התורה, שגיהינום הוא מקום דין ומשפט
לענוש בו החוטאים בפשותם בייסורים וצער שאין להם דמיון
בעולם הזה. לפי שייסורי העולם הזה הם בגוף שפל, גס הבריה
ועב וכבד. והעונש והצער ההוא בנפש הזכה הדקה הבאה
בברייתה. וכמו שרגש האדם בנגיעת המחט בבשרו רב מהרגש
החמור מפני גסות ברייתו; ואף בבני אדם, זכי הגוף והנקיים
בדעות ובייצירתם, מרגישים בייסורים וצער יותר מן הגסים

עבי הגוף משובשי הדעת והרגש, המורגלים במלאכות הכבדות והנמבזות, שנעשה בשרם כבשר הסוס והפרד; כן הרגש הנפש בייסוריה גדול מאוד מייסורי הגוף לרוב הרגשתה וזכות בריתה. ואין ערך ודמיון בין אותו הצער החזק הגדול, ובין שאר בעלי החיים בגופותיהם בשום פנים.

ועוד הדין הזה נכפל על מחויבי הכרת ביום הדין הגדול, ונדונים בו בגיהינום עד שמתכלים שם, לדעת רבי שמעון בן לקיש, בחמה היוצאת מנרתיקה הם נדונים. ומכל מקום, מייסורי אש שלגיהינום היא, שהחמה שנתערטלה מן הנרתיק מיסודי האש העליון, שאור שלגיהינום הוא ממנו, וכמו שנתפרש למעלה.

ומכאן יבין כל בעל שכל, שאין מחלוקת בין רבותינו זיכרונם לברכה בעיקר מכל עיקרי הדין הללו העתידין להיות, וכל דבריהם עולים בסגנון אחד.

שכר וגן עדן

ואחר שנתבאר קצת מעניין הדין והעונש, שיצילנו בעל הרחמים ממנו, צריכין אנו לבאר עניין השכר שיזכנו בעל הגמול עליו. והוא בדברי רבותינו זיכרונם לברכה שני שמות: **גן עדן** ו**העולם הבא**, מלבד טובות העולם הזה, כגון ימות המשיח לחיים, ותחיית המתים שבאותו זמן, שאין אנו מדברים עתה בהם.

ותחלה נאמר ששכר המצות כולם, והגמול הטוב, דבר פשוט הוא בדברי רבותינו זיכרונם לברכה. שהעיקר הגדול הוא חיי העולם הבא. אבל השכר הקודם, והוא מה שיגיע לאדם אחרי המוות, הוא גן עדן; כמו שביארנו מגיהינום, שהוא העונש המגיע לרשע אחרי המוות מיד. וכן תמצא בכל מקום מדבריהם גן עדן הפך מגיהינום. כמו שאמרו בעירובין - יפה[1] דנת, יפה תקנת גיהינום לרשעים וגן עדן לצדיקים.

ואמרו במסכת חגיגה[2] - גם[3] את זה לעומת זה עשה האלהים. ברא צדיקים ברא רשעים, ברא גן עדן ברא גיהינום, כל אחד יש לו שני חלקים: אחד בגן עדן, אחד בגיהינום. זכה צדיק,

---

[1] עירובין יט, א
[2] חגיגה טו, א
[3] קהלת ז, יד

נוטל חלקו וחלק חברו בגן עדן; נתחייב רשע, נוטל חלקו וחלק חברו בגיהינום.

ושנינו באבות - מה[4] בין תלמידיו שלאברהם אבינו לתלמידיו שלבלעם הרשע, תלמידיו שלבלעם הרשע יורדין לגיהינום, שנאמר - ואתה[5] אלהים תורידם לבאר שחת. תלמידיו שלאברהם אבינו יורשין גן עדן, שנאמר - להנחיל[6] אוהבי יש ואוצרותיהם אמלא.

ועוד שם - עז[7] פנים לגיהינום ובושת פנים לגן עדן.

ואמרו - כל[8] המזכה את הרבים אין חטא בא על ידו, שלא יהא הוא בגן עדן ותלמידיו בגיהינום.

ובפרק תפלת השחר - תניא[9] גבי פטירתו שלרבן יוחנן בן זכאי שהיה בוכה, ואמר לתלמידיו - ולא עוד אלא שיש לפני שני דרכים, אחד שלגן עדן ואחד שלגיהינום, ואיני יודע באי זו מוליכין אותי. הרי שהיה מתירא עכשיו מגיהינום ומצפה לגן עדן.

---

[4] פרקי אבות ה, יט
[5] תהלים נה, כד
[6] משלי ח, כא
[7] פרקי אבות ה, כ
[8] פרקי אבות ח, יח
[9] ברכות כה, ב

ובמדרש אמרו - מי[10] שהוא משמר את התורה, הרי גן עדן לפניו; מי שאינו משמר את התורה, הרי גיהינום לפניו.

ועוד במדרש - בשעה[11] שהצדיקים עולים מתוך גן עדן, ורואין את הרשעים שהם נידונין בגיהינום, נפשם שמחה.

ובהגדה דרבי יהושע בן לוי אמרו - אחוי[12] לי דוכתאי, אחוי ליה דוכתיה. שור ונפל בגן עדן, ואמרו חזייה לרבי שמעון בן יוחאי.

ובבראשית רבה - במעשה[13] דיקים איש צרורות, בן אחותו של רבי יוסי בן יועזר: אמרו נתנמנם יוסי בן יועזר איש צרידה, וראה מיטתו פורחת באויר. אמר, לשעה קלה קדמני זה לגן עדן.

ובמדרש רות אמרו - וארוחתו[14] ארוחת תמיד נתנה לו מאת המלך דבר יום ביומו כל ימי חייו. ימי חייו דמאן? רב ולוי, חד אמר שליהויכין, וחד אמר שלאויל מרודך. אמר רבי שמואל בר נחמני, מסתברא כמאן דאמר שליהויכין, שמשעה שהקדוש ברוך הוא נותן שלום לצדיקים, אינו נוטלה מהם אלא הולכת עמם לגן עדן.

---

[10] שמות רבה ב, ב
[11] ויקרא רבה לב, א
[12] כתובות עז ב
[13] בראשית רבה סה, יח
[14] ירמיהו נב, לד

למדו במלה זאת, שפטירתן שלצדיקים מעולם הזה לגן עדן הוא. ובפרק שני דתמורה גרסינן - אמר[15] רב יהודה אמר שמואל, בשעה שנפטר משה רבנו לגן עדן אמר ליהושע - שאל ממני כל ספק שיש לך.

מצינו למדין ששכר האדם לאחר המיתה הוא בגן עדן.

ומה שכר ועונש יש לנפשות הצדיקים בגן עדן? הנה דבר זה עיקרו בתורה ופירושו בדברי סופרים, שגן עדן מצוי הוא בעולם הזה בארץ, ושארבע נהרות יוצאים משם ואחד מהם פרת הסובב ארץ ישראל, וכל מה שבא בכתוב מפשוטי סוד בראשית הכל אמת, אין מקרא יוצא מידי פשוטו.

ואנשי המידות עצמן יודו ויאמרו שגן עדן תחת קו ההשוויה, שלא יוסיף היום ולא יחסר. ובספרי הרפואות ליונים הקדמונים, וכן בספר אסף היהודי יספר כי אספקלינוס, חכם מקדוני, וארבעים איש מן החרטומים מלומדי הספרים, הלכו הלוך בארץ ויעברו מעבר להודי קדמת עדן, למצוא קצת עצי הרפואות ועץ החיים, למען תגדל תפארתם על כל חכמי הארץ. ובבואם אל המקום ההוא, ויברק עליהם להט החרב המתהפכת, ויתלהטו כולם בשביבי אש הברק, ולא נמלט מהם איש. ותשבות חכמת הרפואה מן הגויים ההם ימים רבים, עד מלוך ארתחששתא המלך. ואחרי כן נתחדשה בהם דעת הרופאים על

---

[15] תמורה טז, א

ידי הנקובים בשם במלאכה ההיא. וכל אלה דברי אמת, ידועים ומפורסמים גם היום, כי רבים מבאי הארץ הלזו ארצה בני קדם יראו מרחוק הלהט המתהפכת.

אבל סוד העניין הזה, שהדברים כפולים: כי גן עדן וארבע נהרות, ועץ החיים ועץ הדעת אשר נטע שם האלוהים, וכן הכרובים ולהט החרב המתהפכת, גם עלה התאנה והחגורות וכתנות העור - כלם כפשוטם וכמשמעם, אמת הדבר ויציב העניין. ולסוד מופלא הוא, כי הם כיוצרי דבר להבין סוד עמוק משל.

כמו ששנינו - דמות[16] צורות לבנות היו לו לרבן גמליאל בעלייה בטבלה בכותל שבהן מראה את הדיוטות - כזה ראיתם או כזה ראיתם. כי כן מלאכת במשכן בשלשה מקומות - חצר, ואהל, ולפנים מן הפרוכת. ובמקדש - עזרה, והיכל, ודביר. וכל אשר בכל מקום ומקום מן הכלים וציורי הכרובים כולם להבין סודות מעשה עולם העליון והאמצעי והשפל, ורמזי כל המרכבה שם. וכן הנבראים עצמם ביצירתן בדמות נבראו, כמו שאמרו בספר יצירה סימן לדבר ועדים נאמנים - עולם[17] ושנה ונפש.

ואדם הראשון מעשה ידיו של הקדוש ברוך הוא, מבחר בני

---

[16] ראש השנה כד, א

[17] **ספר יצירה פרק ו, א** - שלשה אבות ותולדותיהם, ושבעה כובשין וצבאותיהן, וי"ב גבולי אלכסונין. וראיה, לדבר עדים נאמנים **עולם שנה נפש**.

אדם היה בתבונה ובדעת, והשכינו הקדוש ברוך הוא יתברך במבחר המקומות להנאת ולתועלת הגוף. וצייר במקום ההוא הנכבד כל מעשה העולם העליון, הוא עולם הנשמות, בציור גשמי, להבין משם יסודי כל נברא גופי ונפשי ומלאכי, וכל מה שיש בהשגת הנברא להשיג מן הבורא יתברך, גם המקום ההוא נכבד מכל מקומות העולם השפל מן המוצק אשר על ראשן מן העולם אמצעי והעליון, ועל כן יראו בו מראות האלוהים יותר משאר מקומות. כאשר אנחנו מאמינים כי ארץ ישראל וירושלים מקומות נכבדים מיוחדים לנבואה בעצמן מפני מוצקים, וכל שכן בית המקדש כסא ה', כעניין שנאמר - מה[18] נורא המקום הזה אין זה כי אם בית אלהים וזה שער השמים. תלה נבואתו הבאה אליו מבלתי הקדמת כונה, במעלת המקום. על כן שוכני גן עדן שהוא במבחר למבין בציורי הדברים כל סודות העליונים, ונפשם מתעלת בלימוד ההוא, ורואה מראות אלוהים בחברת כבוד העליונים מן המקום ההוא, ומשיגים כל מה שיוכל לדעת ולהבין בלימוד משה בסיני. כעניין שנאמר - אשר[19] אתה מראה בהר. זה עניין ידיעתנו בגן עדן. והדברים מפורשים בדברי חכמים זיכרונם לברכה.

וכבר רמז רבי אליעזר הגדול בפרקים שלו כפל העניין הזה שאמרתי - דתני[20] רבי זעירא **ומפרי העץ**, אין העץ אלא אדם

---

[18] בראשית כח, יז
[19] שמות כה, מ
[20] תני דרבי אליעזר כא

שנמשל בעץ, שנאמר - כי[21] האדם עץ השדה. אשר[22] בתוך הגן. אין **בתוך הגן** אלא לשון נקיה, ואין **גן** אלא האישה שנמשלה בגן, שנאמר[23] - גן נעול אחותי כלה.

וכן אומר שהיה סמא"ל רוכב על הנחש. ואמרו שהיה עץ החיים צווח ואומר, כשנגעה בו חוה - אל[24] תבואני רגל גאוה ויד רשעים אל תנדני. הנה עשה בכאן הכל משל ורמז. והוא אמר במקום אחר בפרק עשרים - **ויגרש[25] את האדם**. גורש ויצא אדם, וישב לו מחוץ לגן עדן בהן המוריה, ששער גן עדן סמוך להר המוריה. עשה אותו גן ממש, וזה אין צריך ראיה מדבריהם, שכל האגדות מפורשות הן בגן עדן שהוא גן ממש בארץ.

ואמרו על רבי אבהו - עייליה[26] אליהו לגן עדן, ומלי לגלימיה טרפי דאילני בפרק המקבל, ובמדרש תהלים נו - **בארצות החיים**, זו ארץ ישראל. דבר אחר - **זו גן עדן**.

ובמדרש[27] אמרו - מפני הביאני המלך חדריו מה ברא הקדוש ברוך הוא גיהינום וגן עדן, כדי שתהא זו מצלת מזו. וכמה ריווח ביניהם? רבי יוחנן אמר כותל; ורבי אחא אמר טפח;

---

[21] דברים כ, יט

[22] בראשית ג, ג

[23] שיר השירים ד, יב

[24] תהלים לו, יב

[25] בראשית ג, כד

[26] בבא מציעא קיד ב

[27] מדרש קהלת ז, לא

ורבנן אמרי שתי אצבעות.

ובבראשית רבה בתחילתו שנו, והחזירו הדבר פעמים רבות, וכן במקומות אחרים, שהוא גן ממש נטוע בארץ. אלא העניין כמו שפירשנו. וכמה נכבד דבר רבי אברהם בן עזרא זכרונו לברכה שכתב - בעץ הדעת סוד ינעם, גם הדברים כמשמעם.

ובמדרש שיר השירים אמרו - הביאני[28] המלך חדריו. מלמד שעתיד הקדוש ברוך הוא להראות לישראל גנזי מרום החדרים שבשמים.

רבי יהודה אומר, הרי אתה למד מיעקב, שאמר לו הקדוש ברוך הוא - קום[29] עלה בית אל ושב שם ועשה שם מזבח לאל הנראה אליך בברחך מפני עשו אחיך. מלמד שהראה לו הקדוש ברוך הוא עליה למעלה מעליה, והראה לו חדרים שבמרום.

דבר אחר - הביאני[30] המלך חדריו. אלו חדרי גן עדן, ומכאן אמרו, כמעשה הרקיע כן מעשה גן עדן.

ובמדרש רבי נחוניא בן הקנה אומר מזה הרבה, סתם העניין ומבואר הפרוש.

---

[28] שיר השירים א, ד
[29] בראשית לה, א
[30] שיר השירים א, ד

ואם כן, כיון שהעניין על דרך הנזכר, מכל מקום גן עדן בעולם הזה התחתון הוא, מה שכר הנשמות שם ואין תועלתם בדבר גשמי, ולא במקום ממקומות הארץ ועולם התחתונים?

כבר פרשתי שהעניין כפול, וזה הגן והעדן התחתונים הן ציורים לסודות העליונים, והדברים ההם העליונים הרמוזים באלה, גם כן נקראים **גן ועדן**, שאלו התחתונים מהן תופסים השם הזה. כיצד? יש בעליונים השגה שנקראת בדברי רבותינו זיכרונם לברכה **גן**, והשגה למעלה הימנה שהיא הנקראת **עדן**, והוא נקרא **צרור החיים**, וסודם עמוק ותפוס ביד מקבלי האמונה.

אבל פירשו לנו חכמים זיכרונם לברכה מקום הנפשות, אמרו במסכת שבת - נפשותיהן[31] שלצדיקים גנוזות תחת כסא הכבוד, שנאמר - והיתה[32] נפש אדוני צרורה בצרור החיים את ה' אלוהיך.

ואמרו במסכת חגיגה - ערבות[33] שבו צדק ומשפט וגנזי חיים וגנזי ברכה וגנזי שלום ונשמותיהן שלצדיקים ורוחות נשמות שעתידים להיבראות, ושם אופנים ושרפים וחיות הקודש ומלאכי השרת וכסא הכבוד ומלך אל חי וקיים רם ונשא שוכן עליהם.

---

[31] שבת קנב, ב
[32] שמואל-א כה, כט
[33] חגיגה יב, א

ואמרו בסוכה - ראיתי[34] בני עליה והן מועטין ופירשו הא
דמסתכלי באספקלריא המאירה הא כשאינה מאירה. והבן
ההסתכלות הזה שאמרו עליו - משה[35] רבינו עליו השלום
נסתכל באספקלריא המאירה, ושאר נביאים נסתכלו בשאינה
מאירה. הביאו לשון **ראיה** בהסתכלות השכל ועלוי ההבנה.
לפיכך קראם בני עליה, ואמרו - כי[36] לא יראני האדם וחי. אבל
בשעת מיתתן הן רואין.

ובספרי[37] אמרו - יפקוד[38] ה' אלוהי הרוחות לכל בשר איש על
כל העדה. מגיד שכל הרוחות אינן יוצאות אלא מלפניו, רבי
אליעזר בנו של רבי יוסי הגלילי אומר סימן זה יהא בידך, שכל
זמן שאדם נתון בחיים נפשו פקודה ביד קונו, שנאמר - אשר[39]
בידו נפש כל חי. ואומר - בידך[40] אפקיד רוחי. מת, נותנה
באוצר, שנאמר - ויקם[41] אדם לרדפך ולבקש את נפשך והיתה
נפש אדני צרורה בצרור החיים את הוי"ה אלהיך ואת נפש
איביך יקלענה בתוך כף הקלע. שומע אני בין צדיקים בין
רשעים, תלמוד לומר - **ואת נפש אויבך יקלענה בתוך כף
הקלע.**

---

[34] סוכה מה, ב

[35] ויקרא רבה א, י"ד

[36] שמות לג, כ

[37] ספרי[37] בהעלותך קג

[38] במדבר כז, טז

[39] איוב יב, י

[40] תהלים לא, ו

[41] שמואל-א כה, כט

במדרש תהלים אמרו - יעלזו[42] חסידים בכבוד. באיזה כבוד, עושה לצדיקים בשעה שנפטרין מן העולם. והן מקלסין להקדוש ברוך הוא ששם אותן בצרור החיים, שנאמר - והיתה[43] נפש אדוני צרורה בצרור החיים.

ובמדרש[44] שיר השירים אמרו - תוכו[45] רצוף אהבה. אלו נפשות הצדיקים שנתונות עמו במרום. שלשה נכנסו זה לפנים מזה - משה[46] נגש אל הערפל. לפנים ממנו צדק ומשפט, שכן כתוב - צדק[47] ומשפט מכון כסאך. לפנים מהם נפשות הצדיקים, שנאמר - אשר בידו נפש כל חי. ואומר - והיתה נפש אדוני צרורה בצרור החיים. והוא הרמוז בתורה - ולדבקה[48] בו.

ועוד נדבר בזה לפנינו בעזרת האל.

אבל עוד יאמינו רבותינו זכרונם לברכה לפי דבריהם בהגדות, שאמרו הגן עדן התחתון שהזכרנוהו, יש לשכר הנשמות בו חלק בשכר ועונג ואף על פי שאינן גוף, וכבר שמו להם מקום עם העליונים.

---

[42] תהלים קמט, ה
[43] שמואל-א כה, כט
[44] מדרש שיר השירים זוטא ע, יד
[45] שיר השירים ג, י
[46] שמות כ, יז
[47] תהלים פט, טו
[48] דברים יא, כב

ותיקון העניין הזה כך הוא, לפי שאמרו חכמים זיכרונם לברכה - עד[49] שנים עשר חדש גופו קיים ונשמתו עולה ויורדת, לאחר שנים עשר חדש גופו בטל ונשמתו עולה ושוב אינה יורדת. ופירוש הקבלה הזו, כי כל שנים עשר חדש עדיין כח הגוף קיים, והנשמה נוטה לדעתה ולמעשיה כאשר היתה באמנה אתו בהצטיירות מחשבות גשמיות. ואף על פי שעולה לידיעת עולם הנשמות, יורדת היא לעניין שהייתה כבר. לאחר שנים עשר חודש נתעלית מדעות גשמיות ולבשה מלאכות ונתעטרה, בעטרה שלעולם הבא.

ואין הכוונה במה שאמרו גופו קיים, בין שיהא הגוף נשרף לסיד או שיהא מן החנוטים שגופם מתקיים, אלא הכוונה למה שכתבנו. ובאותן י"ב חודש חלק הנשמה בגן עדן להיות עונג העולם העליון להם, בעניין נוטה לגשמיות. ואין כוונת רבותינו זיכרונם לברכה שיתעדנו הנשמות בפירות הגן ההוא או שירחצו בנהרות, אלא הכוונה, מפני שהוא שער השמים, לאור באור החיים. כאשר תאמר על העומד בירושלים שתתלבש נפשו רוח הקודש, ומלאכות נבואה, בחפץ עליון בין במראה בין בחלום יותר מן העומדים בארץ טמאה.

ומן ההשגה ההווה אל הנפש במקום ההוא מתפעלת לדבקות העולם העליון והשגת תענוג הרוחני. וזה מה שמספרים

רבותינו זיכרונם לברכה בהגדה - בצדיקי[50] דסלקי ונחתי
למתיבתא דרקיעא. העלייה ההיא השגת הנפש ודבקותה
בעליונים, והירידה היא להשגת מה שיגיעו סגולת התחתונים
בחייהן כגון הנביאים.

אבל היות הנפש נגדרת במקום, אם יתקשה למתחכמים על
תורת ה', נשיב להם בזה האפשרות ששמנו לפניהם בחוטאי
גיהינום. ואי אפשר לפרש יותר מזה בגן ועדן העליונים
הנזכרים למעלה, אבל כוונתנו שיתבאר מדברינו לתלמידים,
שאין דברי תורה בגן עדן ועניינו משל שאינו אמת, ואין דברי
רבותינו זיכרונם לברכה וקבלת האבות נוחי הנפש באלו
העניינים דברי הבאי או משל בטל המליצה, אלא הכל אמת
ואמונה - חיצון ופנימי מן מעלה למעלה, ומן רוממות
לרוממות, וזוכה בו כל אחד ואחד למקום מעלתו ומשיג ממנו
כפי הראוי לגמולו.

ולפיכך אמרו במדרש - אמרו[51] רבי אלעזר ברבי מנחם - ירוין[52]
מדשן ביתך ונחל עדניך תשקם. אין כתיב כאן, אלא - **ונחל
עדניך**, מכאן שכל צדיק וצדיק יש לו עדן בפני עצמו.

ובאמת כי במקום הזה גן עדן משמש עוד בגמול גשמי ממש
לזמן התחיה, והוא מה שאמרו רבותינו זיכרונם לברכה —

---

[50] בבא מציעא פה, ב
[51] ויקרא רבה כז, א
[52] תהלים לו, ט

עתיד[53] הקדוש ברוך הוא לעשות סעודה לצדיקים בגן עדן.

וכן אמרו - עתיד[54] הקדוש ברוך הוא לעשות מחול לצדיקים בגן עדן, והוא יושב ביניהם, וכל אחד ואחד מראהו באצבע כאילו רואהן שנאמר - הנה[55] אלהינו זה.

וזה עונג ושכר עתיד בזמן התחיה. והראות השכינה כאילו מראה באצבע מתוך המחול, השגת המעלה ועונג התייחדות מתוך שמחה גופית, כי יגיעו אנשי העולם ההוא למעלת משה רבנו, שנתעלה נפשו על גופו, עד שבטלו כחותיו הגופיות והיה מלובש בכל שעה ברוח הקדש, כאלו ראיתו ושמיעתו בעין הנפש בלבד, לא במצועי העין הגופי. כאשר יעשו שאר הנביאים בהתבטל הגוף והתפשט הנפש מכחותיו, שיאצלו עליה רוח הקודש, ותראה בראות עצמה כאשר יראה מיכאל וגבריאל. והיא הראיה האמיתית והשמיעה הנכונה, כי אין למתפלספים מבטלי התורה כפי רצונם טענה מוכרחת עלינו, שיכחישו אמונתנו שאנחנו מאמינים שיש לגבריאל ראיה או שמיעה, ותקרא אותה - השגה שהיא מגעת אליו מן מיכאל, על דרך משל. וכן[56] הנשמות מספרות זו עם זו כמו שזכרו רבותינו זיכרונם לברכה. ואין הכוונה לסיפור בשפה וחתוך לשון, אך שיש הודעה והשגה לנפשות זו מזו.

---

[53] תענית לא, א
[54] תענית לא, א
[55] ישעיהו כה, ט
[56] ברכות יח, ב

והנה יצאנו מעניינו ובאנו לגעת בסודות הנבואה וראיות החסידים שרואין המלאכים, ואמרו באגדה במדרש - מה[57] רב טובך אשר צפנת ליראך. והנה כבר נתבארה אמונתנו בגן עדן, ונרמזה כפי הראוי.

ועכשיו נחזור לשכר גדול, שהוא העולם הבא. והנה דבר ידוע הוא - כי[58] הזוכה שבדברי רבותינו זיכרונם לברכה, הוא המזומן לחיי העולם הבא, והמתברך מהם אומרים עליו - זכרו לחיי העולם הבא. ועיקר השכר אצלם בכל המצוות הוא העולם הבא, כמו שאמרו[59] - ותשחק[60] ליום אחרון. שכל שכרן שלמצות צדיקים אינו אלא לעולם הבא.

ואמרו - צדיקים[61] גמורים נכתבין ונחתמין לאלתר לחיי העולם הבא. כמו שהזכרנו בברייתא למעלה. הנה שמו שכר צדיקים הגמורים ומעלתן לחיי העולם הבא. וכן האובדים אצלם, הם השנויין במשנה - ואלו[62] שאין להם חלק לעולם הבא האומר אין תחיית המתים מן התורה ואין תורה מן השמים ואפיקורוס.

וזה העולם הבא, שהוא סוף מתן שכרן שלמצות, הדבר מסתפק הוא במשנה זו. ולא נתבאר בפירוש אם הוא עולם הנשמות

---

[57] תהלים לא, כ

[58] קדושין לא, ב

[59] בראשית רבה נט, ב

[60] משלי לא, כה

[61] ראש השנה טז ב

[62] משנה סנהדרין י, א

ושכרן המגיע לכל אחת מהן בעצמה אחרי המוות מיד כמו שהזכרנו; או הוא עולם אחר שיתחדש, ויהיה השכר בגוף ובנפש, או לנפש בלבד בזמן ההוא המתחדש.

וראינו שאמרו בגמרא על המשנה הזו, וכל כך למה? תנא, הוא כפר בתחיית המתים, לפיכך לא יהא לו חלק בתחיית המתים. לפי שכל מידותיו של הקדוש ברוך הוא מידה כנגד מידה. וזה מורה כי העולם הבא הוא עולם השכר לאותן שהקדוש ברוך הוא מחיה בתחיית המתים, ואינן על עולם הנשמות שקרינו אותו גן עדן, אלא עולם התחיה הוא.

ושם בגמרא אמרו - אמרו [63] רבי אלעזר בן רבי יוסי בדבר זה זייפתי דברי כותים שהיו אומרים אין תחיית המתים מן התורה. אמרתי להם - זייפתם תורתכם, ולא העליתם בידכם כלום. שאתם אומרים אין תחיית המתים מן התורה, הרי הוא אומר - הכרת [64] תכרת הנפש ההוא עונה בה. **הכרת תכרת** - בעולם הזה, **עונה בה** - לעולם הבא.

מכאן הראה להם תחיית המתים, שאם אין תחיית המתים אותו העולם בטל הוא. וכיון שחייבה תורה לעובד עבודה זרה כרת מאותו עולם, נמצא תחיית המתים למד מאליו מן התורה.

---

[63] סנהדרין צ, ב
[64] במדבר טו, לא

ושם הקשו בגמרא - אמר [65] לו רב פפא לאביי, ולימא תרווייהו מ**הכרת תכרת**? - דברה תורה כלשון בני אדם. ואמרינן כתנאי, **הכרת תכרת**, **הכרת** בעולם הזה, **תכרת** בעולם הבא, דברי רבי עקיבה. אמר לו רבי אלעזר בן עזריה והלא כבר נאמר - את [66] ה' הוא מגדף ונכרתה. וכי שלשה עולמים יש? אלא, **הכרת** בעולם הזה ונכרת לעולם הבא, **הכרת תכרת** דברה תורה כלשון בני אדם.

למדנו מכאן, כי הכרת הוא אבדן הנפש מן הגוף, והכרתה ממנו בעולם הזה, והכפל בעונשי עבודה זרה, להכרת מן העולם הבא, ואין עולם שלישי שיהא ראוי כרת, כי דיני גיהינום בנפש בזמן הזה אין בו הכרתה כלל, ולא ישא אלהים נפש וחשב מחשבות לבלתי ידח ממנו נדח, אלא לאותן שאינן עומדין בדין שנכרתין בו ואובדין שם. והם עצמם ממה היא כריתתן? מחיי העולם הבא.

ועוד אמרו שם בגמרא - מנין [67] שהקדוש ברוך הוא מחיה מתים שנאמר - ואתם [68] הדבקים בה' אלהיכם חיים כלכם היום. מה היום כולכם חיים אף לעולם הבא כולכם חיים.

---

[65] סנהדרין צ, ב

[66] במדבר טו, ל

[67] סנהדרין צא, ב

[68] דברים ד, ד

ושם אמרו - רבא[69] חסדא רמי כתיב - וחפרה[70] הלבנה ובושה החמה. וכתיב - והיה[71] אור הלבנה כאור החמה ואור החמה יהיה שבעתים כאור שבעת הימים ביום חבש יהוה את שבר עמו ומחץ מכתו ירפא. לא קשיא, כאן בעולם הזה כאן בעולם הבא.

כלומר בעולם הבא לימות המשיח. והקשו, לשמואל דאמר - אין[72] בין העולם הזה לימות המשיח אלא שעבוד מלכיות בלבד. אידי ואידי לעולם הבא, לא קשיא, כאן במחנה צדיקים כאן במחנה שכינה.

ובוודאי הם זיכרונם לברכה לא יפרשו - **אור הלבנה כאור החמה** בעולם הנשמות, אלא קראו הזמן שהוא אחר תחיית המתים **עולם הבא.**

וכן אמרו[73] - בדור המדבר באין הן לעולם הבא, שנאמר - ופדויי[74] ה' ישובון ובאו ציון ברנה. ובעשרת השבטים שנו, עשרת השבטים אין עתידין לחזור. ותניא, רבי אומר - באין הן לעולם הבא, שנאמר - והיה[75] ביום ההוא יתקע בשופר גדול

---

[69] סנהדרין צ, ב
[70] ישעיהו כד, כג
[71] ישעיהו ל, כו
[72] ++++
[73] סנהדרין קי, ב
[74] ישעיהו נא, יא
[75] ישעיהו כז, יג

וּבָאוּ הָאוֹבְדִים בְּאֶרֶץ אַשּׁוּר וְהַנִּדָּחִים בְּאֶרֶץ מִצְרַיִם וְהִשְׁתַּחֲווּ לַה' בְּהַר הַקֹּדֶשׁ בִּירוּשָׁלִָם.

וְזֶה הָעִנְיָן אֵינוּ בְּעוֹלַם הַנְּשָׁמוֹת. וְשָׁם[76] - אָמַר רַבִּי יְהוֹשֻׁעַ בֶּן לֵוִי, מִנַּיִן לִתְחִיַּת הַמֵּתִים מִן הַתּוֹרָה, שֶׁנֶּאֱמַר - אַשְׁרֵי[77] יוֹשְׁבֵי בֵיתֶךָ עוֹד יְהַלְלוּךָ סֶּלָה. **הַלְלוּךָ** לֹא נֶאֱמַר אֶלָּא **יְהַלְלוּךָ**, מִכָּאן לִתְחִיַּת הַמֵּתִים מִן הַתּוֹרָה. וְאָמַר רַבִּי יְהוֹשֻׁעַ בֶּן לֵוִי כָּל הָאוֹמֵר שִׁירָה בָּעוֹלָם הַזֶּה, זוֹכֶה וְאוֹמְרָהּ לָעוֹלָם הַבָּא, שֶׁנֶּאֱמַר - אַשְׁרֵי[78] יוֹשְׁבֵי בֵיתֶךָ עוֹד יְהַלְלוּךָ סֶּלָה.

הִנֵּה אֵלּוּ שְׁתֵּי מֵימְרוֹת שְׁתֵּיהֶן לְרַבִּי יְהוֹשֻׁעַ בֶּן לֵוִי, וְעִנְיָן אֶחָד בָּהֶן בְּבֵאוּר, וְקוֹרֵא עוֹלָם שֶׁאַחֲרֵי תְּחִיָּה - **עוֹלָם הַבָּא**. וְשָׁם אָמְרוּ - כָּל[79] פַּרְנָס שֶׁמַּנְהִיג אֶת הַצִּבּוּר בְּנַחַת בָּעוֹלָם הַזֶּה זוֹכֶה וּמַנְהִיגָן לָעוֹלָם הַבָּא.

וּבְמַסֶּכֶת שַׁבָּת אָמְרוּ לָעִנְיָן הַיּוֹצֵא בִּכְלֵי זַיִן בְּשַׁבָּת - רַבִּי[80] אֱלִיעֶזֶר אוֹמֵר תַּכְשִׁיטִין הֵם לוֹ, וְאָמְרוּ לֵיהּ, וְכִי מֵאַחַר דְּתַכְשִׁיטִין הֵן לוֹ, מִפְּנֵי מָה הֵן בְּטֵלִין לִימוֹת הַמָּשִׁיחַ? מִפְּנֵי שֶׁאֵינָן צְרִיכִין, שֶׁנֶּאֱמַר - לֹא[81] יִשָּׂא גוֹי אֶל גּוֹי חֶרֶב וְלֹא יִלְמְדוּ עוֹד מִלְחָמָה.

---

[76] סנהדרין צא ב
[77] תהלים פד, ה
[78] תהלים קמד, טו
[79] סנהדרין צב, א
[80] שבת סג, א
[81] ישעיהו ב, ד

והקשו מזה - ופליגא דשמואל, דאמר שמואל אין בין העולם הזה לימות המשיח אלא שעבוד מלכיות בלבד.

ואמרו לשון אחר - אמר להם רבי אליעזר, אף לימות המשיח אינו בטלין, אבל בטלין הן לעולם הבא, והיינו דשמואל. הפרישו בכאן בין ימות המשיח ובין העולם העתיד והוא לאחר התחיה, שאין כל אלו העניינים על עולם הנשמות ההווה.

ובסוף חולין שנו בברייתא שהוזכרה גם כן בקדושין ובמקומות אחרים - תניא[82] רבי יעקב אומר, אין לך כל מצוה ומצוה שבתורה, שמתן שכרה בצדה, שאין תחיית המתים תלויה בה. שנאמר - למען[83] ייטב לך והארכת ימים. **למען ייטב לך** - לעולם שכולו טוב, **והארכת ימים** - בעולם שכולו ארוך.

הנה, זה העולם שכולו טוב וארוך, שהוא העולם הבא, אמר שתחיית המתים תלוי בה, מפני שהוא בא אחר התחיה.

ובספרי[84] הזכירו כל הזמנים הללו, במדרש אמרו - בהתהלכך[85] תנחה אתך בשכבך תשמר עליך והקיצות היא תשיחך. **בהתהלכך תנחה אתך** - בעולם הזה. **בשכבך תשמור** - בשעה מיתה. **והקיצות** - בימי המשיח. **היא תשיחך** - לעולם הבא.

---

[82] קדושין לט, ב
[83] דברים כב, ז
[84] ספרי ואתחנן
[85] משלי ו, כב

הזכירו כאן העולם הזה וזמן המיתה והוא עולם הנשמות, וימות המשיח, ואחר כך עולם הבא.

ואמרו שם[86] בספרי - למען[87] ירבו ימיכם וימי בניכם על האדמה אשר נשבע הוי"ה לאבתיכם לתת להם כימי השמים על הארץ. **למען ירבו ימיכם** - בעולם הזה. **וימי בניכם** - לימות המשיח. **כימי השמים על הארץ** - לעולם הבא.

וכן דרשו שם[88] בספרי - **וישמרך**, ישמור את נפשך בשעת מיתה, וכן הוא אומר - והיתה[89] נפש אדוני צרורה בצרור החיים.

דבר אחר - ישמור רגליך מגיהינום, וכן הוא אומר - רגלי[90] חסידיו ישמור. דבר אחר - **וישמרך** - ישמור לעולם הבא, וכן הוא אומר - וקויי[91] ה' יחליפו כח. הזכירו בכאן שמירת הנפש בשעת מיתה, שהוא עולם הנשמות, והדבקה בצרור החיים, שהוא גן עדן שלה, כמו שהזכרנו. ואחרי כן שמירתה לעולם הבא.

---

[86] ספרי עקב
[87] דברים יא, כא
[88] ספרי נשא
[89] שמואל-א כה, כט
[90] שמואל-א ב, ט
[91] ישעיהו מ, לא

ושם שנינו עוד - חופף[92] עליו כל היום ובין כתפיו שכן. **חופף עליו** - בעולם הזה. **כל היום** - לימות המשיח. **ובין כתפיו שכן** - בנוי ומשוכלל לעולם הבא.

ועוד אמרו שם[93] בסִפרי - כי[94] שפע ימים יינקו ושפוני טמוני חול. זה ימה של חיפה שגנוז לצדיקים לעולם הבא, מנין אתה אומר שכל ספינות שאובדות בים הגדול, וצרור שלכסף וזהב ואבנים טובות ומרגליות וזכוכיות וכל כלי חמדה, שהים הגדול מקיאן לימה של חיפה שגנוז לצדיקים לעתיד לבא, תלמוד לומר - **כי שפע ימים יינקו.**

במִדרש אלה שמות רבה - עשרה דברים עתיד הקדוש ברוך הוא לחדש לעולם הבא.

הראשונה - שהוא עתיד להאיר לעולמו, שנאמר - לא[95] יהיה לך עוד השמש לאור יומם ולנגה הירח לא יאיר לך והיה לך יהוה לאור עולם ואלהיך לתפארתך. וכי אדם יכול להביט בהקדוש ברוך הוא? אלא, מה הקדוש ברוך הוא עושה לשמש מאור ארבעים ותשעה חלקי אור, שנאמר - והיה[96] אור הלבנה כאור החמה ואור החמה יהיה שבעתים. ואפילו אם אדם חולה,

---

[92] ++++

[93] סִפרי ברכה

[94] דברים לג, יט

[95] ישעיהו ס, יט

[96] ישעיהו ל, כו

הקדוש ברוך הוא גוזר לשמש ומרפאו, שנאמר - וזרחה[97] לכם יראי שמי.

וְהַשְּׁנִיָּיה - מוציא מים חיים מירושלים, ומרפא בהם כל מי שיש בו מחלה, שנאמר - והיה[98] כל נפש חיה אשר ישרוץ אל כל אשר יבוא שם נחלים יחיה והיה הדגה רבה מאד כי באו שמה המים האלה וירפאו וחי כל אשר יבוא שמה הנחל. ואומר - **וְנִרְפְּאוּ הַמַּיִם.**

וְהַשְּׁלִישִׁית - עושה אילנות ליתן פירותיהן בכל חודש וחודש, ויהא אדם אוכל מהם ומתרפא, שנאמר - הנחל[99] יעלה על שפתו מזה ומזה כל עץ מאכל לא יבול עלהו ולא יתם פריו לחדשיו יבכר כי מימיו מן המקדש המה יוצאים והיה פריו למאכל ועלהו לתרופה.

הָרְבִיעִית - שהם בונים כל החורבות, ואין מקום חרב בעולם, ואפילו סדום ועמורה נבנות לעתיד לבא, שנאמר - ואחותך[100] סדום ובנותיה תשובנה לקדמותן.

הַחֲמִישִׁית - שהוא יבנה ירושלים באבן ספיר, שנאמר - עניה[101] סוערה לא נחמה הנה אנכי מרביץ בפוך אבניך

---

[97] מלאכי ג, כ
[98] יחזקאל מז, ט
[99] יחזקאל מז, יב
[100] יחזקאל טז, נה
[101] ישעיהו נד, יא

ויסדתיך בספירים. ואותן האבנים מאירות כשמש, ואומות העולם באין ורואין בכבודן שלישראל שנאמר - והלכו[102] גוים לאורך ומלכים לנוגה זרחך.

השישית - ופרה[103] ודב תרעינה.

השביעית - שהוא מביא כל החיות וכל העופות וכל הרמשים, וכורת עמהם ברית ועם ישראל, שנאמר - וכרתי[104] להם ברית ביום ההוא עם חית השדה ועם עוף השמים ורמש האדמה.

השמיני - שאין עוד בכי, ויללה בעולם, שנאמר - לא[105] ישמע בה עוד קול בכי וקול זעקה.

התשיעי - שאין עוד מות, שנאמר - בלע[106] המות לנצח ומחה אדני הוי"ה דמעה מעל כל פנים וחרפת עמו יסיר מעל כל הארץ כי הוי"ה דבר.

העשירי - שאין עוד לא אנחה ולא אנקה ולא יגון, אלא הכל שמחין, שנאמר - ופדויי[107] הוי"ה ישובון ובאו ציון ברנה ושמחת עולם על ראשם ששון ושמחה ישיגון נסו יגון ואנחה.

---

[102] ישעיהו ס, ג
[103] ישעיהו יא, ז
[104] הושע ב, כ
[105] ישעיהו סה, יט
[106] ישעיהו כה, ח
[107] ישעיהו נא, יא

עד כאן דברי אגדה זו.

ובאלפא ביתא דרבי עקיבה אמרו - **ארץ החיים**, ארץ שמתיה חיים תחילה לעולם הבא. אם כן, צדיקים שבחוצה לארץ, כגון משה ואהרן, האיך הן חיין ובאין לעולם הבא? מלמד שבשעת תחיית המתים.

כל אלו דברים ברורים, שהעולם הבא האמור בכל מקום, אינו עולם הנשמות והשכר המגיע להם מיד אחרי המיתה, אלא עולם שעתיד הקדוש ברוך הוא לחדשו לאחר ימות המשיח ותחיית המתים.

ובבראשית רבה אמרו - כשם[108] שיצירתו בעולם הזה, כך יצירתו לעולם הבא. מה יצירתו בעולם הזה מתחיל בעור ובשר, וגומר בגידים ועצמות ועצמות כך לעתיד לבוא מתחיל בעור ובשר, וגומר בגידים ועצמות.

ובגמרא בפרק אין נערכין אמרו - למימרא[109] דנבל לחוד וכנור לחוד, דלא כרבי יהודה. דתניא, רבי יהודה אומר, כנור שלמקדש שלשבע נימין היה, שנאמר - שובע[110] שמחות את פניך. אל תקרי **שובע** אלא **שבע**, שלימות המשיח שמונה,

---

[108] בראשית רבה יד, ה
[109] ערכין יג ב
[110] תהלים טז, יא

שנאמר - למנצח[111] על השמינית. שלעולם הבא עשר, שנאמר - עלי[112] עשור ועלי נבל עלי הגיון בכנור. ואומר - הודו[113] להוי"ה בכנור בנבל עשור זמרו לו. ומתרצינן, אפילו תימא רבי יהודה, לעולם הבא איידי דנפישי נימין דידיה נפיש קליה כנבל.

ופירוש העניין הזה, כי הכנור וכלי הזמר שבמקדש רמז להשגת המחשבה, שהיא נתלית ברוח. ואין בגשמיות דק כמוסיקא, כעניין שנאמר - קול[114] רוח ודבור. וזהו רוח הקודש. והנה בעולם הזה ישיגו החכמה ברוח הקודש שבע ספירות, וידבק אורן במשכן ובמקדש, ונרמזות בשבע נרות שלבית המקדש ובקצת הקרבנות. גם בלעם אמר - את[115] שבעת המזבחות ערכתי. הזכיר אותן בשם הידיעה. לפיכך ירמוז בכנור שבע כלי הקול בעולם הזה. ולימות המשיח תושג ספירה שמינית, וירמוז אותה. ולעולם הבא תהיה ההשגה שלימה לעשר ספירות, וירמוז אותן. וזה עניין מופלא ונכבד.

ומכל מקום נלמד בפירוש העולם הבא, שהוא עולם גוף ומקדש וכליו, ואינו עולם הנשמות שכל אדם יש לו בו כחלק הראוי לו אחר מיתתו מיד.

---

[111] תהלים יב, א
[112] תהלים צב, ד
[113] תהלים לג, ב
[114] ספר יצירה פרק א, משנה ו
[115] במדבר כג, ד

ודבר פשוט הוא, כתוב בתלמוד, שתמצא בו במקומות רבים שהם מזכירים רשעים בגיהינום. כמו טיטוס ושאר רשעים, כגון עדת קורח וזולתם שבזמן הזה הם נדונין שם. ומזכירין לצדיקים שהם בגן עדן, כגון לרבי יהושע בן לוי ורבי שמעון בן יוחאי וזולתם, ולא תמצא בשום מקום בתלמוד שיאמרו על אחד מהן שהוא בעולם הבא עכשיו, אלא אומרים - מזומן[116] לחיי העולם הבא.

ואמרו בספרי במשה רבנו - גנזו[117] לחיי העולם הבא. לא שהוא עכשיו בחיי העולם הבא. ואמרו ברבי עקיבה במיתתו - אשריך[118] רבי עקיבה, שיצאה נשמתך באחד ואתה מזומן לחיי העולם הבא. ואמרו ברבי אלעזר בן דורדיא ובקטיעא בן שלום - מזומן[119] לחיי העולם הבא. בפרק ראשון דעבודה זרה, וכן במקומות רבים מאוד בתלמוד.

הרי שלאחר פטירתן שלצדיקים, אומרים שהם מזומנים לחיי העולם הבא, שהוא לשון עתיד להם. למדת שפטירתן מן העולם הזה לגן עדן היא, שהוא עולם הנשמות, ואין פטירתן לעולם הקרוי עולם הבא, אלא שהם מזומנים ועתידין לו.

---

[116] ברכות סא, ב
[117] ספרי נצבים
[118] ברכות סא, ב
[119] עבודה זרה י ב

ועוד אמרו בברכה דרואה קברי ישראל - והמית[120] אתכם בדין והוא עתיד להקים אתכם לחיי העולם הבא, בארץ ישראל מחיה המתים. ושגור בפי הדורות לומר בין בבקשה בין בסוף ברכת המזון ובכל תפילות - הרחמן יזכנו ויקרבנו לימות המשיח ולחיי העולם הבא. מקדימין ימות המשיח. ואין דעתם לבקש שתתקרב להם המיתה, ויהיו בעולם הנשמות.

ועוד מצינו מפורש במדרש - ויברך[121] אלהים את יום השביעי. ברך הקדוש ברוך הוא העולם הבא שמתחיל באלף השביעי, **ויקדש אותו** - זימנו לישראל. ומשנה זו הוא ששנינו - בשביעי[122] אומר - מזמור[123] שיר ליום השבת. לעתיד לבא, לעולם שכולו שבת שהיא מנוחה לחיי העולמים.

ובמכילתא[124] אמרו - כי[125] אני הוי"ה מקדשכם. לעולם הבא, כגון קדושת שבת לעולם הזה. נמצינו למדין שהוא מעין קדושת העולם הבא, וכן הוא אומר - מזמור שיר ליום השבת, ליום שכולו שבת. ובהגדה של רבי עקיבה אמרו - הדין, ומלכות בית דוד, יהיו באלף השישי.

הרי נתבאר שהעולם הבא אינו עולם הנשמות, אלא עולם

---

[120] ברכות נח ב

[121] בראשית ב, ג

[122] משנה תמיד ז, ד

[123] תהלים צב, א

[124] מכילתא כי תשא א

[125] ויקרא כ, ח

נברא קיים, שימצאו בו אנשי התחיה בגוף ובנפש.

ועל זה העולם אמרו בברכות - מרגלא[126] בפומיה דרב העולם הבא אין בו לא אכילה ולא שתיה ולא קנאה ולא שנאה ולא תחרות אלא צדיקים יושבים ועטרותיהן בראשיהן והן ונהנין מזיו שכינה.

וכן יאמרו תמיד בתלמוד - הקדוש[127] ברוך הוא משביען מזיו שכינתו לעולם הבא, שנאמר - אשבעה[128] בהקיץ תמונתך. רצונו לומר שקיום האנשים הזוכים ההם בזיו הכבוד, כקיום הנפש בגוף בעולם הזה באכילה ושתיה. כמו שכתוב - באור[129] פני מלך חיים. ודרשו בואלה שמות רבה - ויחזו [130]את האלהים ויאכלו וישתו. אכילה ודאית דכתיב - **באור פני מלך חיים.**

וכן אומר במשה רבנו עליו השלום במדרש - מאין[131] היה אוכל, מזיו השכינה היה נזון. אל תתמה, שהרי חיות שהן נושאות הכסא, ניזונות מזיו השכינה, שנאמר - ואתה[132] מחיה את כולם. כלומר לכולם.

---

[126] ברכות יז א

[127] בבא בתרא י, א

[128] תהלים יז, טו

[129] משלי טז, טו

[130] שמות כד, יא

[131] שמות רבה מו, ט

[132] נחמיה ט, ו

כי קיום הנפש בהתייחדה בדעת עליון כקיום המלאכים בו,
והתעלות הנפש על הגוף מבטלת הכחות הגופיות, כמו
שהזכרנו לעיל פעם אחר, עד שיתקיים הגוף כקיום הנפש בלא
אכילה ושתיה, כקיום משה רבינו עליו השלום בהר ארבעים
יום. ואם נייחס זה אל מעשה הנס, הנה אליהו יוכיח שלא
הושלך הגוף ממנו, ולא נפרד מן הנפש, והתקיים מאז ועד
עולם. וכן חנוך, כפי מדרש רבותינו זיכרונם לברכה.

וכן אמרו במדרש [133] – ידעתי[134] כי כל אשר יעשה האלהים הוא
יהיה לעולם עליו אין להוסיף וממנו אין לגרע והאלהים עשה
שיראו מלפניו. אמר רבי סימון ראוי היה האדם שיתקיים ויחיה
לעולם, מהדין פסוקא, ומפני מה נקנסה עליו מיתה? אלא –
והאלהים עשה שייראו מלפניו. מה שהיה כבר הוא, רבי יודן
ורבי נחמיה, חד אמר אם יאמר לך אדם שאלמלי לא חטא אדם
הראשון היה חי וקיים לעולם, אמור לו, הרי אליהו שלא חטא
הרי הוא חי וקיים לעולם.

הרי ביארו שרצון האלהים במעשיו מקיים אותם לעולם,
והביאו הראיה מאליהו זכור לטוב, והנביא אמר – הנה[135] אנכי
שולח לכם את אליה הנביא לפני בוא יום הוי"ה הגדול והנורא.
זאת ראיה שלא נפרדה נפשו מגוף הקדוש, והתקיים קיום
אנושי. ואם נאמר שנסתלקה ממנו, תהא הבטחה מפורשת על

---

[133] קהלת רבה ג, יד
[134] קהלת ג, יד
[135] מלאכי ג, כג

תחיית המתים, ושתיהן קורעות לב קטני האמנה.

והנה ראינו, כי זכי הנפש קיום גופם בדברים הדקים, והזכים מהם בדקים מן הדקים, כי אנשי המן נתקיימו במן הנבלע באברים, שהוא מתולדות האור העליון המתגשם ברצון הבורא יתברך, וזכו בדבר משעה שנעלית נפשם במה שהשיגו בנפלאות. כמו שאמרו - ראתה[136] שפחה על הים מה שלא ראה יחזקאל הנביא. ומשה שנעלית נפשו ותייחדה יותר מהם בידיעת בוראו לא הוצרך לדבר ההוא, שנתגשם ונתקיים גופו בזיו השכינה ובהשגת העליונים.

ומצאתי במכילתא[137] - היום[138] לא תמצאוהו בשדה. אמר להם - היום אין אתם מוצאים אותו, אבל אתם מוצאים אותו למחר. רבי אלעזר בן חסמא אומר - בעולם הזה אין אתם מוצאין אותו, אבל אתם מוצאין אותו לעולם הבא.

וזו המימרה מתפרשת על אחד משתי דרכים - או שנאמר שיהיו בבני העולם הבא מי שלא יגיע מעלתם ליהנות תמיד מזיו השכינה, ויהיה קיומם בדבר המתגשם מן הזיו ההוא במעלת דור המדבר; או נפרש, שרמז הכתוב לדעת רבי אלעזר בן חסמא במילת **היום**, שאנשי העולם הבא יהיה קיומם ביסוד המן, שהוא הזיו העליון, רמז על עיקר המן, ורמז על קיום בני

---

[136] מכילתא בשלח
[137] במכילתא ויסע
[138] שמות טז, כה

העולם הבא, כך נראה לי.

וזהו שאמרו במסכת יומא[139] - לחם[140] אבירים אכל איש. לחם שמלאכי השרת אוכלין, דברי רבי ישמעאל. רצה לומר מזיו השכינה שמלאכים חיים ממנו. ואמר לו רבי עקיבה - ישמעאל טעית, וכי מלאכי השרת אוכלין לחם, והלא כבר נאמר - לחם[141] לא אכלתי ומים לא שתיתי. תפסו מפני ששם קיומם בעניין גשמי, מתולדות הזיו העליון, והם קיימים באור עצמו.

ועל כן נאמין אנחנו במה שאמרו - מתים[142] שעתיד הקדוש ברוך הוא להחיות שוב אינן חוזרין לעפרם. ואם תאמר אותן אלף שנים שעתיד הקדוש ברוך הוא לחדש עולמו, מה הן עושין, הקדוש ברוך הוא עושה להם כנפים והם שטים על פני המים.

ופירוש **כנפים**, לבישת הנפש מלאכות, ותתלבש הגוף עמה, ושלא תתבטל בבטול היסודות. וזה עניין מורגל מאוד ושגור בפיהם זיכרונם לברכה, כמו שאמרו בכל המדרשות ובתלמוד - **למען ייטב לך**, לעולם שכולו טוב. **והארכת ימים**, לעולם שכולו ארוך. רוצה לומר, שכל הזוכים לו ארוכי הימים הם,

---

[139] יומא עה, ב
[140] תהלים עח, כה
[141] דברים ט, ט
[142] סנהדרין צב, א

שאין בו המוות. ומפורש אמרו בשלהי חולין[143] - **אין**[144] לך כל מצוה ומצוה שכתובה בתורה שמתן שכרה בצדה, שאין תחיית המתים תלויה בה, שנאמר - למען[145] ייטב לך והארכת ימים.

למען ייטב לך - לעולם שכולו טוב, **והארכת ימים** - לעולם שכולו ארוך. כלומר, שאינן חוזרין לעפרן לעדי עד. וכבר כתבתיה לזו.

ואם תשיב עלינו, בהיות הגוף מחובר מכלי השימוש לפעולת הנפש לשלשה חלקים שהזכירו אנשי העיון, והם - כלי המזון, וכלי הזרע, וכלי תיקון הגוף; והגוף בכללו צורך מציאותו היה בעבור תכלית אחת, והיא אכילת המזון לקיום הגוף ולהוליד דמיונו; וכשתסתלק התכלית ההוא בעולם הבא, שאין בו לא אכילה ולא שתיה, למה יהיה הגוף פועל ריק, ואין במעשה האלהים פועל בטל?

הנה התשובה לכל זה - כי היתה הבריאה הזאת לתחיית המתים לצורך השימושים הנזכרים, ואין הקדוש ברוך הוא רוצה בביטולה אחרי כן.

ועוד יש בצורה הזאת סודות עמוקים, כי לא היתה הצורה על זה הדמות הפקר וללא טעם, רק לצורך גדול וטעם נכבד, והעושו יתברך רוצה בקיומו.

---

143 **היב"ש** - צריך לגרוס קדושין
144 קדושין לט, ב
145 דברים כב, ז

ואם תקשה עלינו קיום הגוף מן השפלים לעולם, כבר השיבונו
אליך כי קיום הגוף יהיה בקיום הנפש וקיום הנפש, בהתייחדה
בדעת עליון, והמתקיים יהיה במקום מתקיים בהתייחדו בו,
כאשר נאמין אפילו בפשט הפסוקים הכתובים על אדם הראשון
שיתקיים ויחיה לעד, אלו לא שחטא בחטא ההוא, ואפילו
שנאמין בחורבן העולם בשנת השמטה.

וכך נאמין ונתחזק אצל הכל באמת הראות כח הנפש על הגוף
האפל בדבקה בדעת עליון, כעניין[146] קרון פני משה כפני חמה
ופני יהושע כפני לבנה. וכן אמרו רבותינו זיכרונם לברכה על
אדם הראשון - ועל[147] כל דבק ביוצרו ומתלבש ברוח הקודש.
אמרו עליו על פנחס - בשעה[148] שהיה רוח הקודש שורה עליו
היו פניו בוערות כלפידים. ואמרו עליו על רבי אליעזר הגדול
- כשהיה[149] דורש במעשה בראשית היו קרנותיו יוצאות
כקרנותיו שלמשה, ואין אדם מכיר אם יום אם לילה. וכן אמרו
בספרי - פניהם[150] שלצדיקים לעתיד לבא דומות לחמה וללבנה
ולרקיע לכוכבים ולברקים ולשושנים ולמנורת בית המקדש.

ואם דעותינו לא ישיגו בחקירה מאיזה צד תהיה המידה הזאת,
אבל נאמין שהוא כן, כי הבורא יתברך שמו, יודע מסודות
הנפש ומהותה יותר מהתחכמותנו. ועוד אנחנו רואים שחפצי

---

[146] בבא בתרא עה ב
[147] בבא בתרא נח א
[148] ויקרא רבה א, א
[149] פרקי דרבי אליעזר ב
[150] ספרי דברים

הנפש המזדמנים כרצונה נותנין לו לגוף הנאה, ומוסיפין בו זהר והדר וראות ושומן ובריאות אפילו בבואם אליו בעמל ויגיעה, וכל שכן חכמה לחכמים, כעניין שכתוב חכמת אדם תאיר פניו. וכל שכן שזאת הקושיא שהזכרנו בקיום הגוף לנצח, אינה על דעת הפילוסופים, ולא על דעת חכמי תורתנו המפרשים. כי הפילוסופים מקיימים כללו לעד, וחכמינו קצתם יודו בקיומו, ואין אצלם חזרת העולם לתוהו ובהו, כי כל נברא ברצון הבורא, קיומו ברצונו, אם לזמן אם לנצח. וכמו שיאמינו הם בעיונם קיום הכללים לעד, כך אנחנו יכולים בקבלותינו להאמין בקיום הפרט, ברצון המתעלה שמו. כי כמו שיש רצון כללי, כך יש רצון פרטי בפרט. ואף על פי שנראה בעולם ביטול הפרטים וקיום הכללי, הנה אמונתנו היא, כי היה זה בבעלי הנפש מפני החטא נחש הקדמוני והעונש הנגזר עליו. אבל הרצון הנצחי מקיים רצונו לנצח, כמו שהזכרנו למעלה מדברי רבותינו זיכרונם לברכה.

עכשיו ביארנו כוונתנו בשכרי המצות ועונשן, ונחזור בקצרה - כי שכר הנפשות וקיומם בעולם הנשמות נקרא לרבותינו זיכרונם לברכה **גן עדן**, ופעמים קורין אותו **עליה, וישיבה שלמעלה**. ואחרי כן יבא המשיח והוא מכלל חיי העולם הזה, ובסופה יהיה יום הדין ותחיית המתים, שהוא השכר הכולל הגוף והנפש, והוא העיקר הגדול שהוא תקוות כל מקווה להקדוש ברוך הוא, והוא העולם הבא, שבו ישוב הגוף כמו נפש, והנפש תדבק בדעת עליון כהדבקה בגן עדן עולם

הנשמות, ותתעלה בהשגה גדולה ממנה, ויהיה קיום הכל לעדי עד ולנצח נצחים.

סימן לדברים הללו ורמז להם בתורה - ששת ימי המעשה, בששי נברא אדם וגמר מעשיו, בשביעי שבת. כך מלכי האומות בעולם חמשה, כנגד יצירת העופות ושרצי המים ושאר דברים. ותופסת מלכותם בששי מעט, כנגד יצירת בהמה וחיה שנבראו בתחילתן.

מלכות בית דוד באלף השישי, כנגד יצירתו שלאדם שמכיר את בוראו ומושל בכולם. ובסוף אותן אלף יהיה יום הדין, שכל אדם נדון בו ביום.

ושביעי שבת, והוא התחלת העולם הבא, ואין לזוכים בו קץ וסוף, אלא מתקיימים ברצון הבורא יתברך ויתעלה, חפצו ורצונו המקיימן.

וכן ששת שני שבוע ובשביעית שמטה, רמז לעניין הזה. ומכאן יילמדו החכם סוד היובלות[151] וידע העניין בכללו. וברוך היודע והמלמד לאדם דעת.

ובמדרש רבי נחוניא מצינו - ישב[152] רבי ברכיה ודרש, מאי האי

---

[151] רמב"ן ויקרא כה, ב
[152] ספר הבהיר קנט

דאמרינן **העולם הבא**, ולא ידעין מai קאמרינן? **העולם הבא** מתרגמינן **עלמא דאתי**, מלמד שקודם שנברא העולם עלה במחשבה לברוא אור, ונברא אור גדול שאין כל בריה יכולה לשלוט בו. צפה הקדוש ברוך הוא שאין יכולין לסבלו, לקח שביעית ושם להם במקומם, והשאר גנזו לעתיד לבא. ואמר, אם זכו בזה השביעית וישמרוהו, אתן להם זה לעולם הבא אחרון.

והיינו דכתיב **העולם הבא**, שכבר בא מקודם ששת ימי בראשית, הדא הוא דכתיב - מה[153] רב טובך אשר צפנת ליראיך פעלת לחוסים בך נגד בני אדם. פירוש **העולם הבא**, שכבר בא.

וזכר לשון תרגום שלו, שקורין אותו חכמים זיכרונם לברכה **עלמא דאתי**, ללמד שהוא ממשמש ובא. וביאר שזה העולם הבא הוא אור, והוא האור שעלה במחשבה ונברא קודם העולם הזה, לומר שהוא ההשגה האחרונה שאדם משיג ומתעלה בה. וכן אמרו במדרש - שאורו[154] הזה שאדם צופה בו מסוף העולם ועד סופו. והוא עניין צפיית המרכבה, ובו משיגים אמיתת הנבראים בכלל. וזהו מסוף העולם ועד סופו, וזהו אור החיים, כדכתיב - לאור[155] באור החיים.

---

[153] תהלים לא כ

[154] בראשית רבה ג, ד

[155] איוב לג, ל

וְעוֹד אמרו שם במדרש רבי נחוניא בן הקנה - וכסא[156] הכבוד המעוטר המכולל המהולל המאושר, הוא בית העולם הבא, ומקומו חקוק בחכמה, דכתיב - ויאמר[157] אלהים יהי אור ויהי אור. וכל המדרש עד יזכו לחיי העולם הבא שהוא הטוב הגנוז, ומאי ניהו, עוזו של הקדוש ברוך הוא, דכתיב - ונגה[158] כאור תהיה קרנים מידו לו.

שם[159] בכאן בית העולם הבא בכסא הכבוד, מקום הנשמות בעולמו, כמו שאמרו בערבות, ששם נשמותיהן שלצדיקים, ושם מלאכי השרת וכסא הכבוד, כדאיתא במסכת חגיגה. ושם מקום העולם הבא חקוק בחכמה, להודיע שהגיע השגתה לאור הראשון שנקרא חכמה, דכתיב - כי[160] נר מצוה ותורה אור. וכתיב - חכמת[161] אדם תאיר פניו ועז פניו ישנא. ואי אפשר לפרש יותר מזה.

ומה יקרו דברי הרב הגדול רבי משה בן הה"ר מימון הדיין, במלות קצרות וארוכות שכתב בזה העולם בפירוש פרק חלק. אמר כי העולם הבא ישכילו נפשותינו שם מסודות הבורא, כפי שישכילו בעולם הזה מסודות הכוכבים והגלגלים, או יותר.

---

[156] ספר הבהיר קמו
[157] בראשית א, ג
[158] חבקוק ג, ד
[159] חגיגה יב, ב
[160] משלי ו, כג
[161] קהלת ח, א

וכן אמרו רבותינו זיכרונם לברכה - העולם[162] הבא אין בו לא אכילה ולא שתיה, אלא צדיקים יושבין ועטרותיהן בראשיהם ונהנין מזיו שכינה. ועניין **עטרותיהן בראשיהן**, רוצה לומר קיום הנפש היודעת בקיום הדבר הידוע לה, וההוייתה היא והוא דבר אחד. כמו שאמרו מביני הפילוסופים בעניין, יארך סיפורו.

ומה שאמרו - **נהנין מזיו שכינה**, כוונתם לומר כי הנפשות ההם ינעמו במה שישכילו מסוד האל יתברך כמו שינעימו חיות הקודש ושאר כתות המלאכים במה שישכילו וידעו מסוד האל. אם כן הגמול הטוב ותכלית הכוונה הוא, שישיג האדם אל הגמול העליון, ויהיה נכנס בכלל ההוא. וקיום הנפש, כמו שאמרנו, יהיה עד לאין תכלית כקיום הבורא יתברך כי הוא סבת קיומה בהשגתה אותו.

אלו דברי הרב זכרונו לברכה, והם דברים טהורים. וכבר באו כלם בדברי חכמינו זיכרונם לברכה, כי הזכיר עונג הנפש בקיומה, ושם אותה עם כת חיות הקודש והמלאכים, כמו ששמו הם זיכרונם לברכה עמהם תחת כסא הכבוד, וחקקו מקומו בחכמה, והיא ההשגה בעצמה והגמול השלם.

וכן הזכירו רבותינו זיכרונם לברכה קיומה כקיום החיות והמלאכים לכיתותיהם במה שינעימו מהשגתם, כמו שדרשו בכתוב שנאמר - **באור פני מלך חיים**, וכמו שכתבנו למעלה

מדבריהם זיכרונם לברכה. והזכירו עניין קיומו בקיום הדבר הידוע להם, והיות הוא והן דבר אחד, והוא פירוש מה שנאמר בתורה - **ולדבקה בו,** ואומר - והיתה[163] נפש אדוני צרורה בצרור החיים את ה' אלהיך. ומכאן בא רבי עקיבה ולמד - את[164] ה' אלהיך תירא. לרבות תלמידי חכמים.

ורבותינו זיכרונם לברכה הם שהבינו ופירשו דרך ועניין היחוד הזה, ולא שישיג האדם לידיעת מהותו, שהידיעה הוא הזכות בעצמו.

ועל זה אמרו - כל[165] הנביאים כולן לא נתנבאו אלא לימות המשיח, אבל לעולם הבא - עין[166] לא ראתה אלהים זולתך יעשה למחכה לו.

וזו המימרה הזכירה הרב הגדול זכרונו לברכה, ופירש ואמר - כבר הודיעונו חכמים הראשונים שטובת העולם הבא אין כח באדם להשיגה על בוריה, ואין יודע גדלה ויפיה אלא הקדוש ברוך הוא לבדו.

הנה דברי הרב במעלת זה העולם הבא ובעונג שלו דברים נכונים הם, אין לנו אלא להודות בהן ולשבח מעלותיהן

---

163 שמואל-א כה, כט
164 דברים י, כ
165 ברכות לד ב
166 ישעיהו סד, ג

לבעליהן זיכרונם לברכה.

ועוד כתב בתשובת שאלה - ומה שהסכימו חכמי יון וחכמי המערב בנפש, שהנפש צורה בלא גולם ולא גוף, אבל טהר וגזרה ומקור הדעת, ואינה צריכה לגוף, לפיכך כשיאבד הגוף לא תאבד היא, אלא עומדת בעצמה וקיימת כמו המלאך, ונהנית וחוזה באוויר שלעולם והוא עולם הבא.

גם זה לשונו. אבל מכל מקום שנה עלינו סדרי הקבלה, כי עשה זה העולם עולם הנשמות ואין בו לגוף חלק כמו שפירש בכמה מקומות מספריו.

וכן יראה מדבריו שהוא משנה עלינו זמנו שלעולם הבא, והוא לדעתו בא לאדם אחרי מיתתו מיד, והוא העונג והנועם שקרינו אותו אנחנו - **גן עדן.**

וכן כתב הרב בספר המדע - זה[167] שקראו אותו חכמים העולם הבא, לא מפני שאינו מצוי עתה, וזה העולם אבד, ואחר כך יבא אותו העולם, אין הדבר כן. אלא הרי הוא מצוי ועומד, שכתוב - אשר[168] צפנת ליראיך פעלת לחוסים בך. ולא קראוהו עולם הבא, אלא מפני שאותן החיים באין לו לאדם אחר חיי העולם הזה שאנו קיימים בו בגוף ובנפש, וזהו הנמצא לכל

---

[167] רמב"ם ספר המדע תשובה ח, ח
[168] ישעיהו סד, ג

אדם בראשונה.

נראה מדברים הללו, שעולם הבא הוא עולם הנשמות, המגיע
להם אחרי מיתת הגופות מיד.

עוד כתב זכרונו לברכה - העולם[169] הבא אין בו גוף וגויה, אלא
נפשות הצדיקים בלבד בלא גוף כמלאכי השרת. הואיל ואין
גויות, אין בו לא אכילה ולא שתיה ולא דבר מהדברים שבני
אדם צריכין להם בעולם הזה, ולא יארע בו דבר מן הדברים
שמארעים לגוף בעולם הזה, כגון ישיבה ועמידה ושינה וראיה
ועצב ושחוק וכיוצא בהן.

כך אמרו חכמים זיכרונם לברכה - העולם[170] הבא אין בו לא
אכילה ולא שתיה ולא תשמיש אלא צדיקים יושבין ועטרותיהן
בראשיהן ונהנין מזיו שכינה. הרי נתבאר לך שאין שם גוף,
לפי שאין שם לא אכילה ולא שתיה.

וזה שאמרו - **צדיקים יושבין**, על דרך החידה היא, כלומר
נפשות הצדיקים מצויות שם בלא עמל ולא יגיעה. וכן זה
שאמרו - **עטרותיהן בראשיהן**, כלומר שידעו, בגללה זכו
לחיי העולם הבא, מצויה עמהן, והיא העטרה שלהן. ומהו זה

---

[169] ספר עקרים ד, ל
[170] ברכות יז, א

שאמרו - **ונהנין מזיו השכינה,** שיודעין ומשיגים מאמתת הקדוש ברוך הוא, מה שאינן יודעין מהן בגוף האפל והשפל.

ועוד האריך הרב זכרונו לברכה לבאר ולהביא ראיות שבני העולם הבא הם הנפשות לבד בלא הגוף, בפרק חלק[171], ובמגלה של תחיית המתים שלו. ועניין גן עדן אצלו הוא מקום מפלכי הארץ, שנטע בו האלהים האילנות ומיני הצמחים המועילים תועלות גדולות, ועתיד לגלותו לבני אדם, ויורם דרכו וינעימו בו בימות המשיח או בתחיית המתים בגוף, כמו בעולם הזה ותענוגיו במאכל ושתיה ורחיצה. וזה אינו תכלית הגמול כמו שביאר הרב זכרונו לברכה, אבל העולם הבא עולם הנשמות הוא, והוא טבעו ומנהגו שלעולם, כלומר קיום הנפש.

והתמה מזה, מאחר שהוא מאמין שהעולם הבא הוא ההווה לאדם אחר המות מיד, מה צורך אליו לראיות והכרעות שאין באותו העולם גוף, אלא נשמות בלבד? תלמיד קטן שבישראל יודע, כשהצדיק נפטר, נפשו תלין בטובת העולם העליון, בלא גשם וגוף כלל! ואין טובתו באכילה ושתיה וסיכה ותשמיש, שאין הנפש בעלת הנאות הללו, אלא בזיו השכינה היא מתקיימת, כעניין שנאמר - והלך[172] לפניך צדקך כבוד הוי"ה יאספך.

---

[171] משנה סנהדרין פרק י
[172] ישעיהו נח, ח

והדברים הללו, אף על פי שאין דרך סודם ידוע אלא ליחידים, ואין משיג אותם על אמיתת מה שהם אלא אדון הכל יתברך, דרכיהם פשוטים לכל, ולמה הוצרך הרב זכרונו לברכה למה שכתב במגילת תחיית המתים:

אבל החיים שאין אחריהם מות הוא חיי העולם הבא, בעבור שאין בו גוף, כי אנו מאמינים כי בני העולם הבא נפשות בלא גויות כמו המלאכים.

והראיה על זה, כי הגוף הוא מחובר מכלי השימוש לפעולות הנפש, והגוף בכללו, צורך מציאותו היה בעבור תכלית אחת, רוצה לומר אכילת מזון, כדי לקיים הגוף ולהוליד דמיונו למען יתקיים המין. וכשתסתלק התכלית ההיא, ולא יהיה צריך אליה בעולם הבא, כמו שאמרו החכמים בביאור, שאין בו לא אכילה ושתיה ולא תשמיש, אם כן הם רוצים לומר כי אין בו גוף, כי האל יתברך לא ימציא דבר ריק, ולא יעשה דבר אלא בגלל דבר, וחלילה מהיות פעליו כפועל עובדי האלילים אשר עיניים להם ולא יראו, אזנים להם ולא ישמעו.

כן הבורא בעיני אלה החושבים כי יברא אברים לא לעסוק בהם. ואולי בני העולם הבא, בעיני אלה החושבים, אינם בעלי אברים כי אם גופים; ואולי הם עגולים או עמודים או קומות מרובעות? אין אלה הסכלים כי אם שחוק לכל העמים, מי ייתן החרש יחרישון ותהי להם לחכמה. כל אלו דברי הרב זכרונו לברכה, ועוד נוסף עליהם דברים רבים.

וְעכשיו נתמה עליו - אחרי שהוא יאמין בפירוש העולם הבא
שהוא עולם לנפשות אחרי מיתת הגופות, מה צורך להכרעות
האלה, הלא דבר ידוע לכל ומפורסם הוא, שכבר נתערטלו
הנפשות מן הגוף המת והניחוהו לריקבון. והכתוב מעיד -
וְיָשׁוֹב[173] העפר על הארץ כשהיה והרוח תשוב אל האלהים
אשר נתנה.

אבל יראה מכונת הרב זכרונו לברכה, שהעולם הבא אצלו
משמש לכל עולמי הנשמות, ולכל המגיע אליהן לעדי עד. והנה
יאמין באמת, שתחיית המתים, שהוא עיקר מעיקרי התורה,
הכוונה בו שתשוב הנפש לגוף ברצון הבורא, ויצאו הנשמות
מן העולם הבא וישובו לגוף בימי תחיית המתים, ויתעדנו
האנשים ההם הזוכים בטובת העולם הזה בימות המשיח, ויזכו
בו למעלה עליונה ממעלתם הראשונה.

אבל אחרי כן יגזור הרב זכרונו לברכה מיתה על המשיח ועל
דורו, ויהיו נפשותיהן בטוב העולם הבא בלא גוף, כמו שהיו
מתחלה במעלה גדולה ממנה, שזכו לה במצות שעשו בזמן
התחיה, וזה יתקיים להם לנצח.

והנה אריכות הרב זכרונו לברכה, בהרבותו דברים להכריע
שבני העולם הבא אינם גוף, לשני עניינים - שהוא יודע שאנשי

---

[173] קהלת יב ז

קבלתנו יאמינו שאין אחר התחיה מיתה, על פי מה שדרשו ב-
בלע[174] המוות לנצח. ואמרו - מתים[175] שעתיד הקדוש ברוך הוא
להחיות שוב אינן חוזרים לעפרן. ולזה הדעת, בני העולם הבא
אחרי התחיה יחיו בעולם ההוא בגופתם.

והרב זכרונו לברכה מבטל זה הדעת בכל יכולתו, ועל זה חלקו
עליו רבים מחכמי הדורות האלה על הכונה הזאת כמו שימצא
בדבריהם. כי על העולם הבא אחרי המיתה לנפשות, לא יחלוק
כל איש חכם או שאינו חכם, ואין צורך בו לכל עניני הדברים
שכתב הרב בכמה מקומות, כי דבר מפורסם הוא שאין לגוף
בו חלק וזכות.

ועוד יכוון הרב זכרונו לברכה לעניין שני, להחזיק בנפש
בעצמה שאינה גוף ולא כח גוף, אלא שכל נבדל ככת
המלאכים. וכן אמר שם במגילת תחיית המתים.

והגורם כל זה מה שיעלה במחשבת ההמון, כי אינם מאמינים
שיש מציאות קיימת אלא גוף בלבד. אך מה שאינו גוף, ולא
מקרה בגוף, אינו נמצא, בדעת הנבערים מדעת. ועל כן יאמינו
רובם, כי הבורא יתברך גוף, כי אם אינו גוף, אינו נמצא לפי
מחשבתם. אך הנקראים חכמים באמת, ולא במלה עוברת,
נודע להם במופת כי כל נבדל מתולדות הגוף הוא יותר קיים

---

[174] ישעיהו כה, ח
[175] סנהדרין צב, א

במציאותו ממי שיש לו גוף.

ועוד, כי לא נכון לומר יותר קיים, אלא שמציאותו הנבדל הוא מציאות האמיתית, בעבור שלא ישיגוהו דבר המקרה השנויים, והם החכמים שהתבאר להם במופת, כי הבורא אינו גוף, ועל כן מציאותו בתכלית הקיום. וכן כל נברא נבדל, רוצה לומר המלאכים והשכל', הוא במציאותו יותר תקיף וקיים מכל בעל גוף. ועל כן נאמין כי המלאכים אינם גופים, וכי בני העולם הבא הם נפשות נבדלות.

ועוד אמר זכר צדיק לברכה - ואיך יעלה על לב איש שיבינו אלה הסכלים, כי המלאכים נבדלים מן הגוף, ועצם מציאותם, רצה לומר מציאות המלאכים ובני העולם הבא, יחשבו אלה כי לא ידע מציאותם אלא בקבלה מצד התורה, וכי אין דרך עיון מעיד על מציאות המלאכים ועל קיום הנפשות.

וזו המלה מורה לך מדברי הרב זכרונו לברכה, פירוש העולם הבא, שהוא קיום הנפשות בלבד אחרי המות. והוא דבר המתברר להם במופת ועיון בלא קבלה, כי עניין העולם הבא אחרי התחיה באמת, צריך הוא לדברי התורה ופירוש הקבלה.

והנה נתבררה אמונת הרב זכרונו לברכה בפירוש העולם הבא, וכוונתנו אנחנו בו. ובאמת תמצא למקצת חכמי ספרד בחיבורי חוכמותיהם ובתפילותיהם, שהם מסכימים לדעת ההוא,

שהעולם הבא הוא עולם הנשמות. והחכם רבי שלמה בן גבירול זכר צדיק לברכה.

אומר בתפלתו:

תחת כסא כבודך - מעמד לנפשות חסידיך - ובו נועם בלי תכלית וקצבה - והוא העולם הבא.

וכן יתפלל:

ובעת מן העולם הזה תוציאני,
אל העולם הבא בשלום תביאני.

אבל לנו שומעים שאמרנו כהלכה, והבאנו הדברים בראיות מדברי רבותינו זיכרונם לברכה. ושוב מצאתי לגאון רב סעדיה זכרונו לברכה, בפירוש ספר דניאל, שהוא אומר כדברינו בפירוש העולם הבא.

וכן בתפילותיו הוא מתפלל:

יאמן ויגדל שמך עד עולם, וקבץ נדחינו, ולבנות בית מקדשינו, ולהחיות את מתינו, ולהוציאם בשלום ממי הישועה, אל העולם הבא אשר צפנת לנו, וכל מעשה בראשית יכון למולנו, וגם המכון החדש ישמח לנגדנו.

זאת תפילת הגאון זכרונו לברכה, וקבלת הראשונים הוא, תורתם אל תשכח.

ומכל מקום אין בינינו רק בשינוי השמות. והכל מודים בתחיית המתים ובקיום הזמן ההוא בכלליו ופרטיו כמו שפירשתי, זולתי דעת הרב רבי משה זכרונו לברכה, שנותנת קצבה לזמן התחיה, ומחזיר הכל לעולם הנשמות כמו שנזכר למעלה. ואנחנו מקיימין אנשי התחיה לעדי עד, מימות תחיית המתים לעולם הבא שהוא עולם שכולו ארוך.

ואדון הרחמים יזכנו לטוב אשר צפון ליראיו ופעל לעבדיו, למען רחמיו וחסדיו אמן ואמן.